LA POESÍA TESTIMONIAL *WOMANISTA* Y TRANSNACIONAL DE NANCY MOREJÓN: DE LA MUJER NEGRA CUBANA A GEORGE FLOYD

LA POESÍA TESTIMONIAL *WOMANISTA* Y TRANSNACIONAL DE NANCY MOREJÓN: DE LA MUJER NEGRA CUBANA A GEORGE FLOYD

Ana Zapata-Calle

LITERATURA
EDITORIAL UNIVERSIDAD DE SEVILLA

Sevilla 2024

LITERATURA

Nº 170

EDITORIAL UNIVERSIDAD DE SEVILLA

Primera edición: 2024

© Ana Zapata-Calle, 2024

© Editorial Universidad de Sevilla, 2024

c/ Porvenir, 27 41013 Sevilla

https://editorial.us.es / info-eus@us.es

DL: SE 1098-2024

ISBN: 978-84-472-2546-0

Motivo de cubierta: *Portales a un nuevo mundo* (2021), Wilay Méndez Páez

Impreso en papel ecológico.

Maquetación: Cuadratín Estudio

Impresión: Podiprint

ÍNDICE

INTRODUCCIÓN

Este trabajo se centra en la creación poética producida por la prolífica escritora afrocubana Nancy Morejón y en la evolución de su poesía en cuanto a lo que aquí se propone como «poesía testimonial morejo-niana». Para ello se explorarán algunas de sus composiciones creadas desde su juventud hasta la madurez expresada en su último poemario dedicado a George Floyd. Es decir, se van a explorar pinceladas de toda una vida de creación artística que empezó oficialmente con sus prime-ras publicaciones en los años sesenta. Nancy Morejón nació en 1944 y creció como hija única en el seno de una familia humilde en La Ha-bana. Su madre, Angélica Hernández, fue tabacalera y posteriormente ama de casa, mientras que su padre, Felipe Morejón, fue marinero y más tarde estibador de los muelles habaneros, trabajo al que se dedicó desde que nació su hija[1]. Tanto el padre como la madre se volcaron en la educación de la niña y, con la llegada de la Revolución del 59, pudie-ron cumplir un sueño muy esperado para ellos, el que su hija tuviera acceso a la universidad. Según cuenta la poeta:

> El desarrollo del intelecto de la mujer negra es la razón de toda mi obra.
> Desde que era niña, mis padres me pusieron en el camino del conocimiento

---

[1] Sobre la vida de los padres de Nancy Morejón, véanse los apartados «La madre» y «El padre» en *Soltando amarras y memorias* (153-172) de Juanamaría Cordones-Cook.

y de la necesidad de entrar en ese desarrollo intelectual y de convertirme en una profesional. La realidad es que cuando la Revolución llega, abre todos esos horizontes. Yo había tenido muy buenas notas siempre, era una estudiante aplicada, pero yo siempre escuchaba a mi padre que decía que él no sabía cómo iba a pagarme la matrícula en la universidad, porque en aquella época 100 pesos eran una fortuna y mi padre ganaba 8 al día, cuando trabajaba, en un momento de gran crisis y competencia de los ferris en el puerto de La Habana. Él vivía con esa lucha y cuando triunfó la Revolución... ya en el 62 me tocaba entrar en la Universidad y ya toda la educación era una conquista en el sentido de que todo era gratis. Eso fue muy importante. No es un eslogan. Es reconocer un hecho. Todos los estudios que yo he hecho y toda la vida intelectual que yo he tenido la he hecho al amparo del derecho a la educación. (Citado en Zapata-Calle 2012)

Nancy Morejón estudió una licenciatura en lengua y literatura francesa y escribió su tesis sobre Aimé Césaire. En su juventud, tuvo la suerte de tener como mentor a Nicolás Guillén, de quien afirma haber aprendido a interpretar la función social del escritor (*cf.* Cordones-Cook 2011: 331). En su vida profesional, ha trabajado como periodista, traductora, ensayista y poeta, además de ocupar diversos cargos en instituciones culturales, como en la Academia de la Lengua Cubana y en la Asociación de Escritores de la Unión de Escritores y Artistas de Cuba (UNEAC). En cuanto a su obra poética, sus primeras publicaciones fueron *Mutismos* (1962), *Amor, ciudad atribuida* (1964)[2] y *Richard trajo*

---

[2] *Mutismos* y *Amor, ciudad atribuida* serán analizados en el primer capítulo de este libro. Ambos poemarios fueron publicados en La Habana por Ediciones El Puente en 1962 y 1964, respectivamente. Después, Juanamaría Cordones-Cook los reeditó por primera vez reorganizados temáticamente en su antología bilingüe *Looking Within/Mirar Adentro* en 2003. El manuscrito original de ambos poemarios se encuentra en la colección *Nancy Morejón* del Museo de Antropología de la Universidad de Missouri-Columbia. En este análisis, el poemario de *Mutismos* se cita de la selección y el orden que Nancy Morejón eligió para la edición de las obras de El Puente llevada a cabo por Jesús J. Barquet en 2011, poemas que el editor tomó de *Looking Within*. *Mutismos* no se ha citado de la edición original publicada por Ediciones El Puente porque, aunque existen algunos ejemplares en colecciones especiales de algunas

su flauta (1967). Tiempo después, tras sufrir un silencio de doce años[3], salieron a la luz otros poemarios como *Parajes de una época* (1979), *Elogio de la danza* (1980), *Cuadernos de Granada* (1984), *Piedra pulida* (1986), *Paisaje célebre* (1992), *La Quinta de los Molinos* (2000) y *Carbones silvestres* (2005a), entre otros.

La conciencia de género que se percibe en su poema «Mujer negra», publicado por primera vez en 1975, crea lo que para Patricia Hill Collins constituye un enfoque afrofemenino propio –*the Black feminist standpoint*–, desde el que se trata de validar los conocimientos, la historia y la realidad particular de la mujer negra en una sociedad que le había negado todo tipo de autoridad intelectual y científica. Según Collins:

> Encontré mi formación de socióloga inadecuada para la tarea de estudiar el conocimiento subyugado del enfoque de la mujer negra. Esto es debido a que, por mucho tiempo, los grupos subordinados han tenido que usar formas alternativas para crear definiciones y valoraciones propias e independientes y para articular su pensamiento a través de nuestros propios especialistas. Como otros grupos subordinados, las mujeres afroamericanas no sólo han desarrollado un enfoque distintivo de la mujer negra, sino que lo han hecho usando maneras alternativas de producir y validar su conocimiento (2009: 270).[4]

---

bibliotecas, el libro no está en circulación interbibliotecaria, a diferencia del poemario *Amor, ciudad atribuida*, que se cita del original publicado por Ediciones El Puente en 1964.

[3] Nancy Morejón menciona el silencio de estos doce años tras el cierre de Ediciones El Puente en una entrevista concedida a Ciro Bianchi Ross: «Lo único cierto es que nadie quería publicar mi poesía. Se me cerraban todas las puertas. No sufrí humillaciones, pero de poemarios, nada» (1982: 33). El cierre de esta editorial por ataques ideológicos se explica en la sección titulada «Invisibilidad cultural» del tercer capítulo.

[4] Las traducciones al español del inglés original incluidas en este libro son mías, siendo el primer texto original el siguiente: «I found my training as a social scientist inadequate to the task of studying the subjugated knowledge of a Black women's standpoint. This is because subordinate groups have long had to use alternative ways to create independent self-definitions and self-valuations and to rearticulate them through our own specialists. Like other

Collins incluye el uso de la experiencia y el de la subjetividad como un criterio fundamental en la epistemología del pensamiento de las mujeres afrodescendientes para contrarrestar los acercamientos científicos racionales y positivistas que habían definido los procesos de conocimiento en las sociedades modernas (*cf.* 2009: 275-284).

Dentro de la posmodernidad, Nancy Morejón parece haber seguido en su vida profesional los tres principios que Patricia Hill Collins postula como fuente de conocimiento a partir de la experiencia. Por una parte, la socióloga norteamericana reafirma la importancia de enfatizar el valor de una individualidad única y particular (*cf.* 2009: 282). Para ello, Morejón incluye muchas experiencias autobiográficas en entrevistas y poesías que la presentan como una persona con una trayectoria propia y extraordinaria. El segundo criterio de Collins es el valor de los diálogos y la aceptación del componente emocional de los mismos (*cf.* 2009: 282). No cabe duda de que Nancy Morejón habla en todas sus entrevistas del impacto que diversas experiencias vitales han tenido sobre su persona, como el de la influencia de sus padres, lo cual también es transmitido en su poesía. El tercer elemento que Collins establece como fuente de conocimiento es la empatía (*cf.* 2009: 282). Con esta capacidad, Nancy Morejón se acerca a las experiencias de otras mujeres negras en sus textos, como si ella misma las hubiera experimentado, aunque lo comunicado no sea autobiográfico[5]. Es por ello por lo que la escritora va más allá de lo personal para proyectarse como una voz más de su comunidad. De esta manera lo expresó en el discurso que dio al recibir el Premio Nacional de Literatura Cubana en 2001 titulado «La belleza en todas partes»:

---

subordinate groups, African-American women not only have developed a distinctive Black women's standpoint, but have done so by using alternative ways of producing and validating knowledge» (2009: 270).

[5] Clenora Hudson-Weems propone la empatía como la base de la relación de hermandad genuina entre mujeres (2004: 65).

He buscado sin tregua darle voz a un coro de voces silenciadas que, a través de la historia, mucho más allá de sus orígenes, su raza o su género, renacen en mi idioma... Me ha importado la Historia en letras grandes y me importó la historia de abuelas pequeñitas, adivinadoras, las que bordaron el mantel donde comían sus propios opresores (2002: 6).

Morejón valida su conocimiento interconectando sus experiencias vitales con las de muchas otras personas racializadas y con una visión crítica de la sociedad en la que vive. La inclusión de los datos autobiográficos autoriza su enfoque o perspectiva, no como un individuo particular, sino como representante de un grupo cuya posición o punto de vista no ha sido tenido en cuenta previamente, ofreciendo al colectivo de la mujer negra cubana un espacio femenino y afrocubano desde el cual ser escuchada.

Uno de los temas más recurrentes de la poética morejoniana es el de la educación. Se responde con ello al silenciamiento que ha sufrido el pueblo negro desde la esclavitud por la sistemática imposición del analfabetismo como arma de poder para oprimir y evitar rebeliones. En este sentido, la escritora ha defendido constantemente las políticas de alfabetización. Para ella, la educación es el arma más poderosa contra la opresión. De hecho, uno de los grandes triunfos de Nancy Morejón ha sido el haberse abierto camino en un mundo cultural predominantemente masculino y eurocéntrico, siendo mujer y negra.

Este trabajo presenta tres partes que se corresponden con lo que aquí se propone como las tres fases creativas de la evolución de la poesía testimonial morejoniana. En la primera parte se analizan los antecedentes de la poesía testimonial y del compromiso de Morejón en cuanto a la defensa de la educación e intelectualidad de la mujer negra. Para ello se han usado dos poemarios, *Mutismos* (1962) y *Amor, ciudad atribuida* (1964), publicados en Ediciones El Puente al principio del sistema político revolucionario. Esta es una poesía que marca el principio de una carrera poética en una Cuba en convulsión. En estos versos ya se percibe una conciencia de raza y clase, pero no de género. Con la publicación posterior de la composición «Mujer negra» (1975) se presenta, además, un claro compromiso con el papel de las mujeres racializadas en la construcción de la nación cubana y en su lucha por conseguir una igualdad de género que no llegaba a ser reconocida en la isla. Otras artistas como la filmógrafa Sara Gómez, con su película *De cierta manera* (1974), estaban también generando la discusión sobre la necesidad de emancipación de la mujer cubana, para reclamar la igualdad de género y raza en la isla. Este discurso se va a hacer prominente posteriormente también en la obra de otras escritoras como Excilia Saldaña o Georgina Herrera a partir de los años ochenta, con la aproximación del final de la Guerra Fría que en Cuba se catalogó como el «Periodo Especial» a partir de 1989. Es en estos años cuando el género testimonial cobra importancia en Cuba y en Latinoamérica en general, lo cual influencia la obra de Morejón y sirve como marco para lo que en este trabajo se considera como su segunda fase poética, en la que el compromiso por denunciar la doble discriminación por raza y por género quedan patentes. Como ejemplo sirven las composiciones elegidas por Gerardo Fulleda León en *Persona* (2010)[6], un poemario que muestra cómo la escritora recoge el testimonio de las circunstancias vividas por la mujer negra en la realidad político-social cubana a partir de los cambios sociopolíticos que llevaron a la gran crisis de los años noventa. El análisis se enfoca especialmente en las dificultades que sufre la intelectualidad femenina desde el punto de vista del *womanismo* o feminismo afrocéntrico. Finalmente, la tercera fase de la poesía morejoniana aparece ya bien entrado el siglo XXI, cuando la poeta se proyecta como miembro de una sociedad más globalizada al participar en el diálogo creado a partir del asesinato de George Floyd. Su poemario *Madrigal para un príncipe negro* (2020) deja testimonio de fenómenos transnacionales de las sociedades de tradición occidental, con un discurso de justicia social y de solidaridad que denuncia el

---

[6] Es importante notar que este estudio ha analizado la línea discursiva elegida por Gerardo Fulleda León en su selección de veinticuatro composiciones, entre las decenas de composiciones escritas por una autora tan prolífica como Nancy Morejón. No hubiera sido posible analizar todos sus poemarios en este estudio.

racismo institucional. La poeta, en su madurez intelectual, se presenta como portavoz de la diáspora africana occidental alineándose con los discursos de otras mujeres intelectuales negras de distintas naciones. En general, las tres fases poéticas propuestas, aunque no tienen límites claros de separación, van dadas de la mano con la experiencia de la mujer negra cubana desde los años sesenta hasta la actualidad: en la primera se explora la apertura de posibilidades educativas al principio de la Revolución cubana; en la segunda se atiende a las dificultades adicionales para el desarrollo del intelecto de las mujeres racializadas, especialmente durante el Periodo Especial por la abrupta carencia de recursos; y en la tercera, ya entrado el siglo XXI, el acceso a internet y a discursos compartidos de la diáspora africana hace que surja en la isla, y en la poesía de Morejón, un discurso más globalizado de justicia social transnacional.

Capítulo 1
LA MUERTE DE LA POESÍA
PURA EN *MUTISMOS* Y *AMOR,*
CIUDAD ATRIBUIDA

Para poder entender mejor la relevancia de los primeros poemarios de Nancy Morejón y de su compromiso social es importante considerar las escasas obras conservadas de las poetas negras que la antecedieron y su contexto histórico. En el siglo XVI, durante el proceso de colonización de América y con el sistema de encomiendas, se establecieron escuelas de catecismo a las que los niños blancos, indios y negros asistían juntos. El capellán les enseñaba, entre otros conocimientos básicos, a leer y a escribir. En aquel tiempo, también se educaba desde el púlpito, al reunirse todas las personas una vez al día para oír misa cristiana, independientemente de su género o raza (*cf.* Estévez Rivero 2012: 41-42). La educación religiosa llevó a algunos mulatos al sacerdocio y, en contra de lo previsto, ayudó a desarrollar sentimientos de rebeldía contra las injusticias y el deseo de libertad del esclavo. Como consecuencia, en 1722 se prohibió oficialmente la posibilidad de que los mulatos estudiaran sacerdocio (*cf.* Estévez Rivero 2012: 43-48). Este control era necesario para impedir revueltas en un sistema de esclavitud cada vez más opresor, especialmente a partir de la instalación del sistema de plantación industrializada. Con la Revolución Francesa y la Constitución de las Cortes de Cádiz de 1812 se inició un proyecto de igualdad de todos los súbditos españoles, incluidos mulatos y negros libres. El texto de la nueva constitución se leyó en las parroquias y en las escuelas, levantando los ánimos de los libertos y atemorizando a los criollos que temían una revolución similar a la haitiana. Por este miedo, tras la Restauración Absolutista de Fernando VII en 1814, se produjo un mayor control educativo y a partir de 1816 se prohibió el ingreso a las escuelas públicas a los niños que no presentaran un «certificado de calidad y limpieza de sangre» (Estévez Rivero 2012: 49-52). Sin embargo, el intento de separar a los niños por razas se hacía difícil cuando informalmente eran en su mayoría las mujeres birraciales y las negras quienes cuidaban y educaban tanto a los niños negros como a los blancos.

Las mujeres negras que trabajaban en las casas de los criollos tenían un papel muy influyente porque eran niñeras, enfermeras y maestras en los colegios, creando un verdadero puente interracial que produjo un aumento de la población mestiza. Esto hizo que la élite criolla considerase a las mujeres birraciales (mulatas) como una gran amenaza para el orden establecido (*cf.* Mena 2005: 95-96). Por ello, desde 1818, los miembros de la Sociedad Económica de Amigos del País urgieron al cierre de los «Colegios de amigas» donde todas las educadoras eran negras y a cuyos centros asistían niños de todas las razas[7]. Estas escuelas informales fueron erradicadas finalmente en los años cuarenta, cuando se instaló un sistema formalizado de educación primaria (*cf.* Mena 2005: 99). Otra medida represiva contra el intelecto de la mujer negra fue el uso de la explicación científica para argumentar la superioridad biológica y moral del género masculino y de la raza

---

[7] José Antonio Saco atacó a las escuelas de amigas por enseñar a blancos y a negros juntos. También se discriminó a los que habían sido estudiantes de «las escuelas francesas» ya que los maestros eran en su mayoría «mulatos afrancesados» y se admitía la mezcla de razas entre el alumnado (*cf.* Sandra Estévez Rivero 2012: 54-55).

blanca, así como los efectos negativos del mestizaje para la salud. Biológicamente, se consideró a la mujer negra como fuente de contagios y el mayor agente de la «degeneración» racial. Además de corroborar su inferioridad intelectual, se cuestionó su moralidad, exponiéndola como un mal ejemplo para los niños, al tacharla de mentirosa, impúdica y lasciva. De esta manera comenzó a generalizarse el ícono de la mujer negra como expresión de una sensualidad diabólica (*cf.* Mena 2005: 100). A partir de los años treinta del siglo XIX, para neutralizar el poder político de la mujer negra, la literatura presentó a la mujer birracial (mulata) con características eróticas e inmorales desde el punto de vista del cristianismo. El caso más notable es el de la novela de Cirilo Villaverde titulada *La loma del ángel*, publicada en 1832 como la primera versión de *Cecilia Valdés*. Esta novela sería considerada posteriormente como novela de formación nacional[8]. En este contexto histórico, el trabajo de las mujeres negras intelectuales era igualmente saboteado. No hay que olvidar la obra perdida de la poeta Juana Pastor[9], quien incluso había llegado a ser profesora de latín de damas distinguidas de su época (*cf.* López Prieto 1881: LIV).

Por otra parte, si la educación de los libertos estaba controlada, la de los esclavos estaba prohibida. Un ejemplo de un esclavo que subvirtió la norma en Cuba fue el de Juan Francisco Manzano, quien se educó como un autodidacta en contra de la voluntad de sus amos. El abolicionista Richard Robert Madden y Domingo del Monte utilizaron su obra, *Autobiografía de un esclavo*, para demostrar la capacidad

---

[8] En el siglo XIX a esta novela se la conoce con varios títulos. Parece que en 1879 se publica en La Habana con el título de *Cecilia Valdés o La loma del ángel: Novela de costumbres* por la editorial Excelsior. Posteriormente, la novela se publica con el título de *Cecilia Valdés o La loma del ángel* o simplemente con el de *Cecilia Valdés*.

[9] Esta poeta nació en la segunda mitad del siglo XVIII, aunque se desconoce la fecha exacta. Antonio López Prieto incluye unas décimas que Juana Pastor improvisó el 27 de noviembre de 1815 en su introducción a *Parnaso cubano* publicado en 1881.

del desarrollo de la razón y del intelecto del esclavo como argumento para apoyar el abolicionismo. Silvia Molloy lo explica:

> Se trata de un esclavo instruido, iluminado por las luces de la razón articuladas en este caso a través del ejercicio literario. No resulta sorprendente que el texto diluya toda particularidad de Manzano y lo eleve al estatus de prototipo si se considera que Madden persigue obtener un testimonio del intelecto negro. El sistemático borramiento de su nombre, que lo erige en centro ausente del libro ya desde el título, contribuye a este efecto (Citado en Macchi 2007: 186).

Manzano se presenta como portavoz del intelecto del hombre negro esclavo en el siglo XIX, amparado por ideólogos blancos occidentales. No se promovió sin embargo en el círculo del Monte ningún texto escrito por mujeres negras escritoras[10]. De cualquier manera, las medidas represivas contra libertos y esclavos llegaron a su cúspide en 1844 con la presunta Conspiración de la Escalera, donde murieron poetas como Plácido[11] y el propio Juan Francisco Manzano fue encarcelado. Con respecto a la mujer negra, se difundió el rumor, nunca comprobado, de que una mujer birracial (mulata) había traicionado a los organizadores de tal conspiración. Como ya se había hecho con el caso de la Malinche en Méjico, se culpó a la mujer del grupo subordinado de traicionar a su propia comunidad. La poeta Cristina Ayala cuestiona este mito en «Mi flor» (1909), al presentar a la mujer negra como víctima y sufriente, transmisora oral del horror vivido en 1844:

---

[10] Entre otros comentarios acerca de la mujer negra, Domingo del Monte llegó a decir que la presencia de mujeres birraciales y negras fuertes y hábiles en las casas de los blancos debilitaba el sentido de patriarcado que la élite quería mantener a toda costa en los niños a los que cuidaban (citado en Mena 2005: 98-99).

[11] Plácido es como se conocía al poeta birracial Gabriel de la Concepción Valdés (1809-1844).

Los que en la triste noche de la raza oprimida,
en nuestro humilde albergue, oímos con horror
a la madre o a la abuela, narrar estremecida
¡una *Sangrienta Historia*, temblando de pavor... (Ayala 1926: 146).

Cristina Ayala fue una poeta negra liberta que nació en Güines en 1856 de madre esclava. Dedicó su vida a defender férreamente el desarrollo intelectual del pueblo negro. En su poema «La Escuela», escrito en 1924, compara la institución con un espacio divino. En él, pide a los lectores que la bendigan como «Templo y Sagrario» (Ayala 1926: 207) y que le rindan reverencia:

¿Qué es la Escuela? Es el lugar
a do acuden día tras día
los niños, con alegría,
su intelecto a cultivar (1926: 207).

Ayala alaba la institución a pesar de que ella misma había sufrido la represión académica, puesto que no se le había permitido asistir a la universidad. Su dolor por este hecho lo expresa en «Lamento del alma» (1901), versos acompañados por una nota al pie de página en la que se lee: «Por encontrar dificultades de parte de los profesores para ampliar sus conocimientos» (Ayala 1926: 30). Según cuenta Morejón, el haber escrito un poema contra la abolición de la esclavitud le valió a Ayala no poderse matricular en la universidad (*cf.* Cordones-Cook 2009: 203).

A finales del siglo XIX, la Ley de Asociaciones permitió una mejora en la educación de las capas sociales más humildes y se potenció también la prensa, donde la mujer negra luchó por tener un espacio para defender sus intereses particulares. Con este objetivo, se publicaron artículos en revistas como *Minerva*, *Atenas*, *El Nuevo Criollo* o *Previsión* (Barcia Zequeira 2009: 101). De estas publicaciones, *Minerva*[12] se destacó por sus ensayos en defensa de la intelectualidad y en contra

---

[12] Esta revista se publicó en La Habana quincenalmente desde noviembre de 1888 hasta julio de 1889.

de prejuicios tales como el de la masculinización de la mujer negra estudiosa (Barcia Zequeira 2009: 125). En estos años, su imagen también mejoró al ser usada como ícono de rebeldía contra el poder colonial, servidora del ejército rebelde en la retaguardia y madre de soldados valientes por la causa independentista. La exaltación de Mariana Grajales[13] es un ejemplo de ello. El énfasis en su labor consiguió temporalmente la aceptación de la humanidad y de la nacionalidad cubana de la mujer negra en libertad. Sin embargo, tras las guerras de la independencia, con el establecimiento de la Enmienda Platt, la vuelta al orden conservador, las nuevas leyes segregacionistas, y las políticas de blanqueamiento[14], se dejó de exaltar el ejemplo femenino de Grajales para volver a excluir al pueblo negro de la plena ciudadanía en la nueva nación cubana.

En el campo educativo, la Universidad de Harvard becó a mil doscientos setenta y tres maestros en 1900 para llevar a cabo el nuevo proyecto de educación. María Cabrales, mujer negra santiaguera que había llegado a participar de la intelectualidad de su época en Cuba, se quejaba amargamente en una correspondencia epistolar sobre este hecho: «Lo triste es, amiga mía, que los cubanos que en nada se parecen a los sajones quieran imitarlos y oírlos en la cuestión de raza, estando en tan distintas condiciones a ellos» (citado en Torres Elers 2013: 104). En estos años, la representación negra en las universidades cubanas era mínima. Según Jorge Ibarra, en 1899 había solamente un 6.3% de profesionales negros, en 1907 se contaba con un 7% y en 1919 se percibe una ligera elevación hasta el 11.7% (citado en Morales

---

[13] Teresa Prados-Torreira explica en su libro *Mambisas* cómo el ejército se convirtió pronto en la institución más inclusiva con mujeres blancas y negras trabajando mano a mano en la retaguardia, Mariana Grajales entre ellas (*cf.* 2005: 57). Nydia Sarabia estudia la vida de Grajales en *Historia de una mambisa: Mariana Grajales* (2006), y la propia Georgina Herrera ha escrito una obra de teatro dedicada a ella, *El penúltimo sueño de Mariana* (2005).

[14] A mediados del siglo XIX, solo los criollos blancos se creían con el derecho de considerarse cubanos. Incluso se habló de la deportación de los negros a tierras africanas y del blanqueamiento de la isla (Prados-Torreira 2005: 41).

Domínguez 2007: 146). Acerca de la mujer negra, Margaret Randall documenta para el año 1907 la cantidad de doce mujeres, entre abogados, arquitectos, dentistas, ingenieros y médicos del país, siendo dos de ellas extranjeras: «Huelga la aclaración de que no había siquiera una mujer profesional que fuera negra» (1972: 89).

Ante estas desigualdades, el pueblo afrocubano comenzó a organizarse en partidos políticos como el Directorio Central de Sociedades de la Raza de Color y el Comité de Veteranos y de Sociedades de Raza de Color, considerados ambos como los antecedentes del Partido Independiente de Color (PIC). Las mujeres negras también eran militantes en estos partidos. Dawn Duke apunta los nombres de Margarita Planas, más conocida como Doña Mangá, y Fidelia Garzón de Santiago de Cuba, como las fundadoras de los Comités de Damas Protectoras del Partido Independiente de Color (cf. 2008: 97). Estas congregaciones políticas fueron acusadas de racistas para declarar una guerra repentina que tuvo como finalidad llevar a cabo otra gran masacre contra los negros en 1912[15]. En la literatura, Rafael Conte y José M. Capmany se encargan de plasmar una imagen del negro como cobarde y animalizado en su libro *Guerra de razas (Negros contra blancos en Cuba)*, de 1912. De forma despectiva y repitiendo todos los estereotipos previos, la mujer negra es descrita como espía, cómica, repulsiva, peligrosa, lasciva y llena de odio (cf. 1912: 52). En 1912, la poeta negra Cristina Ayala presenta un perfil muy distinto en su composición «En la brecha», defendiendo al pueblo negro como una mujer intelectual que, mediante su pluma como arma, sale en la defensa de su gente «como soldado de fila, / –pues no he de decir "soldada"–» (1926: 194). Para ella, la literatura escrita por las mujeres negras debe tenerse en cuenta en la guerra dialógica:

---

[15] María de los Reyes Castillo (Reyita) recoge en su testimonio su experiencia de niña durante esta guerra, cuando vivía en casa de su tía doña Mangá, refutando todas las acusaciones oficiales (Rubiera Castillo 1997: 47-48).

Que el literato es el faro
que alumbra la inteligencia [...]
Por eso yo quiero ser...
¿Literata? ¿Por qué no? (1926: 195).

La educación femenina mejoró algo en 1916 cuando el presidente Menocal fundó escuelas para mujeres y permitió su formación secundaria en colegios religiosos dirigidos por las monjas de la orden de Santa Teresa, que volvieron a la isla a finales de los años veinte tras haber sido expulsadas en 1898[16]. Lois M. Smith y Alfred Padula recogen los testimonios de las dificultades de algunas jóvenes negras que, a pesar de haber sido aceptadas tras un proceso muy selectivo, no pudieron permanecer por el coste de los estudios (*cf.* 1996: 15). En esta segunda década es también cuando llega a Cuba la esperanza del movimiento panafricanista del jamaicano Marcus Garvey, que reunía a miembros de toda la diáspora negra americana mediante publicaciones traducidas a distintas lenguas. Su presencia en Cuba comenzó a través de la UNIA[17], una asociación panafricana establecida en la isla en 1924. Una de las reivindicaciones que se promulgaban era la igualdad racial en sus capacidades humanas, sin discriminar las capacidades intelectuales femeninas[18]. Pero tanto las actividades de la UNIA como su publicación *El Mundo Negro* fueron clausuradas en Cuba con la aplicación de la ley Morúa en 1929 (*cf.* Guridy 2010: 101).

---

[16] Estos colegios religiosos serían cerrados de nuevo en 1961, con la nacionalización de la enseñanza laica (*cf.* Smith y Padula 1996: 15).

[17] Las siglas de UNIA se corresponden con Universal Negro Improvement Association. Esta asociación panafricana fue fundada por el jamaicano Marcus Garvey para promover la idea de la vuelta a África y los derechos de los afrodescendientes en 1914.

[18] El hijo de Marcus Garvey, Julius Garvey, explica en el documental *Marcus Garvey: Look for Me in the Whirlwind* (2000) dirigida por Stanley Nelson, cómo su padre solía apreciar la labor de las mujeres y cómo incluso llegó a decir que su organización se hubiera desarrollado mejor si hubiera tenido más mujeres en la administración (*cf.* Nelson 2001).

La literatura negrista cubana parece contribuir en sus comienzos a la ridiculización del movimiento de Garvey. El poema de Ramón Güirao, «Bailadora de rumba», y el de José Zacarías Tallet, «La rumba», podrían interpretarse como una sátira contra los bailes y desfiles que organizaban los miembros de la UNIA para los que se vestían con uniformes. Si una de las reclamaciones más importantes de Marcus Garvey era la humanidad de los negros, en el poema «La rumba» de Tallet, se aprecia la animalización de la mujer negra en torno a su sexualidad, y la cosificación del hombre con movimientos militarizados, como si fuera un soldadito de plomo[19]:

> Las ancas potentes de niña Tomasa
> en torno de un eje invisible,
> como un requilete rotan con furor,
> desafiando con rítmico, lúbrico disloque,
> el salaz ataque de Che Encarnación:
> muñeco de cuerda que, rígido el cuerpo,
> hacia atrás el busto, en arco hacia adelante
> abdomen y piernas, brazos encogidos
> a saltos iguales de la inquieta grupa
> va en persecución (Güirao y Arozarena 1970: 65).

La polémica emerge cuando el poeta birracial Nicolás Guillén, apropiándose de la misma estética negrista que había servido para humillar al negro, la utiliza de una manera contestataria en 1930 en *Motivos de son* (1930) y *Sóngoro cosongo* (1931).

Si bien es cierto que Guillén logró abrirse camino en el mundo poético y editorial, no pasó así con las poetas negras contemporáneas. En esta misma época escribía María Dámasa Jova, de la cual la mayoría de su obra permanece perdida. Jova nació en 1890 en Santa Clara, llegando a ser maestra. En su poema «Nací para triunfar», la escritora muestra su lucha ante la adversidad, así como su voluntad de superación:

---

[19] Los hombres integrantes de la UNIA habían hecho desfiles vestidos con un uniforme al estilo militar.

Nací para triunfar. Si majaderas
circunstancias osan cortarme el paso
con planta firme yérgome
por sobre de los hombros del fracaso (1927: 222).

En su papel de movilizadora social[20], en una de sus presentaciones titulada «La situación de la mujer negra en Cuba: su problema social, cultural y económico», leída en 1939 para el Congreso Nacional Femenino en La Habana, abordó el trato inhumano y la marginalización que sufría la mujer negra, así como la falta de reconocimiento de su contribución histórica en la formación de la nación cubana. María Dámasa Jova murió en 1940, un año después de esta presentación por circunstancias no esclarecidas. Fue también en 1940 cuando surgió una propuesta por parte del comunista Salvador García Agüero para que se aprobara en la Asamblea Constituyente la llamada «Ley de Educación y Sanciones Contra la Discriminación Racial», pero esta acabó en un proyecto frustrado (*cf.* Morales Domínguez 2007: 146, 148).

Otra poeta negra que se dio a conocer a mediados de siglo fue Rafaela Chacón Nardi, nacida en La Habana en 1926. Su primer poemario, *Viaje al sueño*, fue publicado por primera vez en 1948. Ha sido considerada como parte de la Generación del 50, aunque la temática de esta obra no parece estar relacionada directamente con el pueblo negro (Hernández Menéndez 1996: 7-17)[21]. Sin embargo, a partir de 1959, la presencia de las mujeres negras se generaliza[22] en la universidad. Las

---

[20] Como activista, María Dámasa Jova destacó por su denuncia contra el abuso de niños, de jóvenes pobres y de mujeres negras (*cf.* Guridy 2010: 121). Como editora, *Ninfas* y *Umbrales* fueron sus dos revistas más reconocidas. Dawn Duke explicó la labor de Jova como movilizadora social desde los años veinte en su presentación «María Dámasa Jova's Literary Charity: a Writing Outside of Negrismo» (2007).

[21] Habrá que esperar dos décadas para que con *Del silencio y las voces* (1978) aparezca un tímido compromiso racial en la obra de Rafaela Chacón Nardi.

[22] Para Lourdes Casal, la presencia de la mujer cubana en la universidad alcanzaba su mayor auge a finales de la década de los setenta, registrándose en el curso 1978-79 un 40.6% de mujeres en la educación superior (*cf.* 1980: 192).

primeras poetas afrodescendientes que hicieron su nombre público fueron las aparecidas en torno al grupo de Ediciones El Puente. En esta casa editorial publicaron sus textos las jovencísimas Nancy Morejón y Georgina Herrera, además de Mercedes Cortázar, Silvia Barros o Ana Justina, entre otras escritoras. En este contexto el tema de la raza aparece recurrentemente en poemarios como *Mutismos* (1962) y *Amor, ciudad atribuida* (1964) de Nancy Morejón, los cuales se analizan a continuación.

Mutismos

En 1936 Juan Ramón Jiménez llegó a La Habana procedente de una España en guerra, invitado por Fernando Ortiz. De los encuentros culturales que protagonizó, uno de los más destacables fue el que se celebró junto al joven José Lezama Lima y a la generación del *Grupo Orígenes* durante el mes de diciembre[23]. Alexandra Riccio cuenta la explosión cultural que supuso la presencia de Juan Ramón Jiménez en la isla:

> se transformó en un extraordinario animador cultural dictando conferencias y lecturas radiofónicas, organizando un festival de la poesía cubana y preparando la antología *La poesía cubana en 1936*, más conocida con el nombre de *Granero*, concediendo entrevistas, escribiendo prólogos, poniéndose a disposición de un público inesperado que acaso se le prefiguraba como la «inmensa minoría» de sus deseos. Cumpliendo con la invitación de la Institución Hispanocubana de Cultura, dicta tres conferencias en los

---

[23] Con motivo de la inauguración de la Feria Internacional del Libro de Santo Domingo, Carmen Ruiz Barrionuevo presentó en 2012 una ponencia titulada «Juan Ramón Jiménez y José Lezama Lima: el encuentro de dos grandes escritores en Cuba» donde hablaba de la relación entre los dos poetas, así como de la colaboración de este último en la revista *Orígenes*. Un estudio más completo fue publicado al año siguiente con el título de «Juan Ramón Jiménez y José Lezama Lima, historia de una amistad y de una trayectoria poética» (2013).

días 6, 13 y 20 de diciembre de 1936, ninguna de ellas inéditas pero todas escritas en este año (2001: 45).

Un dato muy importante destacado por Nancy Morejón es el hecho de que Juan Ramón Jiménez incluyera a Nicolás Guillén en la antología *La poesía cubana en 1936*[24] (*cf.* Zapata-Calle 2012). Además, con motivo de su despedida de La Habana, Juan Ramón Jiménez agradeció su colaboración a todo el círculo femenino que rodeaba a Zenobia, su esposa, especialmente a Camila Henríquez Ureña (*cf.* Riccio 2001: 45), quien sería posteriormente profesora de Nancy Morejón en la universidad. Cintio Vitier recoge en su libro *Juan Ramón Jiménez en Cuba* (1981) una presentación que Camila Henríquez Ureña había leído sobre el poeta en 1937, donde se resumía la evolución de la expresión poética juanramoniana en busca de la estética de la poesía pura:

> En la fiebre de buscar «la suprema forma que eleve a lo imposible el alma», empezó despojando a la poesía de los ropajes espléndidos con que la vistiera el modernismo; siguió aislándola de todos los elementos extraños a su esencia, y quedándose sólo con la desnuda emisión, ha llegado a realizar el milagro de identificar la palabra con lo inefable (1981: 138).

Según Nancy Morejón, además de Juan Ramón Jiménez, hubo muchos escritores españoles que influenciaron en la creación poética de la isla. Ella hace hincapié en la importancia que tuvo en su momento el paso o la residencia en Cuba de varios poetas renombrados de la Generación del 27 durante la Guerra Civil y la posguerra española, como Federico García Lorca, Luis Cernuda y Manuel Altolaguirre. La escritora destaca el hecho de que este último incluso estableciera en La Habana una editorial, La Verónica, y el impacto que supuso en la isla la muerte de García Lorca (*cf.* Zapata-Calle 2012). De esta interacción entre españoles y cubanos se nutrieron dos generaciones:

---

[24] Juan Ramón Jiménez publicó la antología *La poesía cubana en 1936*, editada por la Institución Hispanocubana de la Cultura, en 1937.

una giró en torno a la *Revista de Avance*, caracterizada por la expresión pura con poetas como Eugenio Florit, Mariano Brull o Emilio Balla-gas[25]; la otra publicó sus obras en la revista literaria *Orígenes*[26], diri-gida por José Lezama Lima y José Rodríguez Feo, orientada más a la búsqueda de transcendencia. En este apartado se propone el poema-rio *Mutismos* (1962) como una respuesta a la poesía pura escrita por poetas como Eugenio Florit, Mariano Brull o Emilio Ballagas, entre otros[27]. Sin embargo, la poeta tampoco se suma al trascendentalismo de *Orígenes*, sino que en *Amor, ciudad atribuida* (1964) supera a las dos escuelas para proponer una poesía más existencialista, sin descartar lo anecdótico y lo humano como puntos de partida para una expre-sión poética.

En un momento convulso de la historia cubana, Morejón reflexiona en *Mutismos* sobre la tensión entre la realidad y la expresión lírica. No hay que olvidar que la autora está viviendo en los años cincuenta y se-senta, en un país donde se están llevando a cabo importantes movi-mientos sociales y cambios estructurales. Sin embargo, y como apunta Gabriel A. Abudu, «mutismo» significa silencio, y el poemario destaca por la falta de referencias sociales e históricas (1996: 13-14). Nancy Morejón comienza su selección de poemas con «Viento»[28] (2011: 402),

---

[25] Efraín Barradas escribe acerca de las distintas influencias recibidas por estos tres poetas cubanos principales. A Brull lo considera heredero de Paul Valéry; a Florit de la generación del 27 y de Juan Ramón Jiménez; y a Ballagas de Valéry, de Cernuda, de Neruda, de los poetas negristas, y también de Juan Ramón Jiménez. Barradas sitúa además la decadencia de esta estética en los años cuarenta (1977: 474, 477).

[26] Revista publicada desde 1944 hasta 1956.

[27] En la misma entrevista (*cf.* Zapata-Calle 2012), Morejón confirma esta tesis aludiendo a una antología publicada por Juan Marinello, *Proemios: Poe-sía pura cubana*. Se carece aquí de la referencia completa de este libro, aunque Marinello también cuenta con otro libro de ensayos titulado *Poética, ensayos en entusiasmo* sobre la poesía de Eugenio Florit, Emilio Ballagas, Manuel Na-varro Luna y Nicolás Guillén.

[28] Según palabras de la propia poeta, escribió este poema cuando tenía nueve o diez años (*cf.* Cordones-Cook 2009: 187).

donde la voz poética parece ser el pensamiento abstracto o sublime que permanece bajo la línea escrita y que rehúye ser espejo de una realidad circundante a la que rechaza al dialogar con ella:

> ¿Qué buscas
> bajo mi línea negra
> que se esconde
> aunque quisiera sostenerse?
> No hay esperanza. No hay dolor.
> Soy sin mí. [...] (2011: 402).

La voz poética se lamenta de su carencia de ser, como si lo abstracto y lo puro no fuera nada sin la referencia a lo tangible. A partir de esta premisa, el pensamiento va a conectarse gradualmente con el mundo material para llegar a ser. Lo primero que hace es fundirse con la línea negra y convertirse en viento, al ser pronunciadas las palabras que lo sostienen. El lector que recita produce entonces un sonido que hace que el pensamiento abandone su pureza abstracta: «viento / que arrastras acaso lo inenarrable, / hacia tu ruido» (2011: 402). Esta composición de Nancy Morejón se podría relacionar con unos versos del poeta español Dámaso Alonso que aparecen en su libro *Poemas puros. Poemillas de la ciudad* (1921), en los que la palabra *lírica* duerme en la tinta oscura y se despierta unos instantes cuando alguien la lee «para cantar el viento, para cantar el verso, / los dos seres más puros / del mundo de materia y del mundo de espíritu» (citado en Flys 1988: 23).

El segundo poema de *Mutismos* es «Pudiera» (2011: 403), donde la palabra personificada como voz poética duda acerca de si debería expresar lo tangible y social o quedarse en lo puro, puesto que parece tener miedo de dejar de ser lírica para convertirse en panfletaria:

> Pudiera hablar de mi país
> y sus alcances [...]
> súbitamente tengo que hablar
> de mis temores a no convertirme en eco (2011: 403).

Tampoco está dispuesta la joven escritora a limitar el significado de sus versos, dejando las puertas abiertas a la polisemia. Así se muestra en el poema «Puerta de un puente» (2011: 404), donde se distingue entre el significado aparente de la superficie y los significados ocultos tras las palabras: «Si se cerrara la puerta de un puente subterráneo / quedaríamos sepultados / aquí en la superficie» (2011: 404).

En el «Sofisma 4» (2011: 405) se presenta la tensión que vive la escritora en su creación artística. La voz poética parece estar llena de angustias y se siente ya incapaz de expresarse mediante palabras puras, desbordada por su pensamiento y su realidad circundante:

el viento anda y vuela sobre mi cabeza
[...]
            inquieta de angustias
de lodos
        de sombras
            de colores
                de miedo
[...]
no cabe nada más en ella
no puedo... no puedo (2011: 405).

Morejón acaba el poemario con «Sofisma último» (2011: 406), donde se acepta la muerte de esta estética sin dolor, invitando a sus semejantes a «(dis-fru-tar)» (2011: 406) de sus funerales regios en lo que se percibe como el final de una estética y el comienzo de una nueva creación más comprometida con su sociedad.

Amor, ciudad atribuida

Si en *Mutismos* no hay ni referencias históricas ni mención a personas o lugares específicos (Abudu 1996: 14), en *Amor, ciudad atribuida* ya se ven los habitantes (*cf.* Cordones-Cook 2011: 325). Además, Morejón sitúa el yo poético de sus poemas en un entorno sociopolítico concreto y urbano, La Habana de principios de los años sesenta, dejando atrás la representación del pueblo negro rural en los cañaverales o en el monte. En cuanto a la forma, los versos son más largos que en su producción anterior y se incluye no solo el vocabulario de la cotidianidad, sino también un mundo poético lleno de anécdotas.

Su nueva dirección estética parece ser compartida con la de otros integrantes de Ediciones El Puente, los cuales reaccionan a la poesía social neovanguardista y existencialista propuesta por el escritor español Dámaso Alonso en su poemario *Hijos de la ira* (1944), entre cuyos versos destacan los célebres «Madrid es una ciudad de más de un millón de cadáveres/ (según las últimas estadísticas)» (1988: 73). De hecho, Nancy Morejón confirma la influencia de este escritor en la obra de Isel Rivero, quien publicó en 1960 el poemario *La marcha de los hurones* (*cf.* Zapata-Calle 2012). La intertextualidad con el poeta español se ve también en los versos de Ana Justina Cabrera, quien, fuera del entusiasmo revolucionario de la época, expresa un existencialismo profundo en el poemario *Silencio...*[29], publicado originalmente en 1962. *Amor, ciudad atribuida* continua esta tendencia. El espacio de la ciudad es central y ya se ha superado la estética de la poesía pura. Así se ve en «Las horas comunes» (1964: 23), cuyos versos comparten con el poema «Insomnio» de Dámaso Alonso la presencia de los muertos vivientes, el pesimismo, la idea del insomnio y la de la transformación de los seres humanos en bestias tras la experiencia bélica. Además, Morejón incluye una anécdota[30] en los últimos versos que sirve como punto de partida de donde llega la inspiración: «y mi tía negra / ve como los muertos escupen los diarios trajines, / y establecen amistad con los granos de

---

[29] La influencia se percibe desde sus primeros versos: «Helos ahí... / Detened las pupilas / en sus cuencas vacías. / Están muertos [...] / Y las fábricas prosiguen sus sirenas. / Todo marcha igual... / ¿... mañana? / Las mismas muertes...» (Cabrera 2011: 340).

[30] Como explica Miguel J. Flys, crítico de la obra de Dámaso Alonso, la nueva poesía existencial requiere de una honda humanización y del reencuentro básico con la realidad más inmediata, para lo cual, el poeta usa las anécdotas (*cf.* Flys 1988: 30-32).

tierra» (1964: 23). La imagen de la tía negra atendiendo a unos hombres en un café ayuda a crear una reflexión existencialista. La poeta conecta el pasado con el presente a través de la presencia de los hambrientos del ayer y del hoy, del insomnio compartido de las mismas horas comunes y mediante una botella de licor: «He bebido en el mismo licor de una botella» (1964: 23). La diferencia radica en la nueva realidad sociopolítica. En el presente los desamparados llevan «un nuevo ropaje» (1964: 23), lo que indica un cambio más artificial que estructural.

A diferencia de *Mutismos*, Nancy Morejón incluye en *Amor, ciudad atribuida* el tema racial. La escritora se inserta en la tradición literaria afrocaribeña al comenzar su primer poema, «La ciudad expuesta» (1964: 11), con un epígrafe de Aimé Césaire[31], tomado y traducido de *Cahier d'un retour au pays natal* (1939): «Al morir el alba esta ciudad chata, expuesta... »[32]. Para este escritor martiniqués, el creador consciente de pertenecer a una etnia que ha sido colonizada tiene una misión que cumplir. Su falta de compromiso es muy difícil porque hay demasiadas reivindicaciones que hacer y no es posible quedarse impasible. Como Césaire expresó en una entrevista concedida a Jacqueline Leiner, la palabra poética no puede ser un juego para el escritor negro, considerando «el arte por el arte» como un acto de egoísmo (citado en Badiane 2010: 37).

Morejón no presenta abiertamente en «La ciudad expuesta» los temas de la alienación, la pobreza, el hambre, el alcohol, la violencia, u otras miserias que el martiniqués sí refleja en su obra. Por el contrario, la poeta comienza describiendo un ambiente positivo, apaciguado, un espacio donde supuestamente ha llegado la paz y en el

---

[31] Como ya se dijo, Nancy Morejón escribió su tesis de licenciatura sobre Aimé Césaire durante los mismos años en que colaboraba con Ediciones El Puente.

[32] Este epígrafe aparece como parte del poema «La ciudad expuesta» en el manuscrito original que se puede encontrar en la biblioteca de la Universidad de Missouri-Columbia. En la publicación de El Puente, este epígrafe aparece separado del poema, encabezando el poemario. Las ediciones de Juanamaría Cordones Cook y Jesús J. Barquet respetan lo que aparece en el manuscrito.

cual parece que los afrodescendientes han alcanzado al fin su objetivo de justicia e igualdad social. Así se expresa en los versos «Es esta la ciudad que por primera vez nos ama» (1964: 11) y en «Ya por demás hay sol en la ciudad y no hay tormenta» (1964: 11). Sin embargo, este optimismo no es sostenible, se percibe como artificial en una ciudad «teñida de esperanza» (1964: 11). La luminosidad se ve envilecida al incorporar en el ambiente la contaminación causada por «el humo que levantan los cigarrillos y las fábricas, / las líneas de los automóviles» (1964: 11). Progresivamente, la aparente alegría se va dejando atrás. El poema acaba con una voz poética sumergida en una ciudad «impregnada de lágrimas [...] / como un septiembre pardo y lamentable» (1964: 11). Esta misma evolución se expone en las siguientes composiciones. En «Los buenos días» (1964: 13), la mañana es amable y se llena de saludos entre vecinos. Lo contrario pasa en «Las horas comunes», en la que la oscuridad de la noche deja al descubierto la miseria, haciendo que «cada noche un nuevo ropaje descubra la frente / de los desamparados, de los hambrientos» (1964: 23). El juego de claroscuro en *Amor, ciudad atribuida* es constante, como lo es también para Césaire en *Cahier d'un retour au pays natal*. Sin embargo, si para el martiniqués la luz del día deja ver todas las miserias «al morir el alba»[33], para Morejón es en la oscuridad de la noche cuando se puede percibir la triste realidad de la sociedad en la que vive.

Finalmente, el poema «Ritornello» (1964: 31), uno de los últimos del poemario, parece recuperar la idea del retorno a África propuesta por Aimé Césaire, como una revisión de la historia del continente africano y de su gente traída a las Américas. Como explica la propia Nancy Morejón en su ensayo «Aproximación a una poética del Caribe»:

> El retorno al país natal que acuña Césaire es una opción legítimamente ambiciosa, pues no se resigna a permanecer dentro del marco de su problemática ciudadana; todo lo contrario: intenta, desde un principio, trascender el marco de la isla de Martinica, para así desplegar toda su fuerza

---

[33] Ver nota al pie de página número 30.

representativa de toda el área del Caribe y de todos aquellos países de alta proporción poblacional de origen africano. (2005b: 111)

La poeta, como caribeña, se siente integrada en este concepto de Césaire, propuesto anteriormente por Marcus Garvey. El título de «Ritornello» en el contexto del grupo de Ediciones El Puente provoca pensar en una llamada a la conciencia de las raíces africanas y a la desalineación cultural. En este sentido, y teniendo en cuenta la presencia de los niños en el poema, la vuelta a África propuesta por Nancy Morejón iría enfocada al compromiso educativo para con las nuevas generaciones de afrocubanos en cuanto a la inclusión del legado cultural africano como contenido escolar.

El poema «Ritornello» está dividido en dos estrofas. En la primera aparecen unos niños que comienzan a penetrar en los árboles, lo cual parece indicar el principio del estudio en la escuela de los textos canónicos, vistos como árboles enraizados y estables en una tradición eurocéntrica, asociada con la claridad de las aguas del mar. Sin embargo, hay un viento que, como palabra oral del discurso afrocéntrico, amenaza con desalienar a los niños negros y desestabilizar las aguas:

> La ronda de los niños comienza
> a penetrar en los árboles
> y el
> viento amenaza con distinguirlos
> de las aguas del mar (1964: 31).

En la segunda estrofa, la tradición canónica representada por el árbol percibe la diferenciación de los niños negros que se separan de las claras aguas del mar (tradición eurocéntrica) influidos por los vientos desestabilizadores (discurso afrocéntrico):

> Los niños de la ronda comienzan
> a penetrar en los vientos
> y el
> árbol los distingue
> de las aguas del mar (1964: 31).

No hay que olvidar que durante estos años se están llevando a cabo trabajos etnográficos y folclóricos que aprecian el legado cultural afrocubano, como los de Miguel Barnet y Rogelio Martínez Furé, de los que la autora asegura ser pupila y aprendiz (*cf.* Zapata-Calle 2012).

Aunque los jóvenes integrantes de El Puente tenían muchas esperanzas de cambio, muchos vieron sus ilusiones truncadas al ser asociados con la lucha del *Black Power* estadounidense. Las relaciones de algunos líderes afroestadounidenses con la isla empezaron a incomodar al Gobierno revolucionario, puesto que «revelaban públicamente, como señaló Carmichael, la opresión racial y cultural de los afrocubanos, todo lo cual implicaba un sentido crítico indeseable para el proyecto revolucionario» (*cf.* Cordones-Cook 2009: 45). Linda S. Howe escribe sobre los problemas personales que experimentó Morejón por haber pertenecido al grupo de El Puente y haber participado en reuniones de afrocubanos para discutir asuntos raciales a principios de los años sesenta. De ella se dice que, aunque no estuvo directamente envuelta con la proclamación del «Manifiesto Negro» presentado en 1968 por intelectuales afrocubanos como Walterio Carbonell, Sara Gómez, Alberto Pedro y Tomás González, también sufrió las consecuencias, como muchos otros intelectuales negros (*cf.* Howe 1999: 159).

En una entrevista concedida a Ciro Brianchi Ross, Nancy Morejón habla del silenciamiento que sufrió durante doce años desde que publicó su poemario *Richard trajo su flauta y otros argumentos* (1967) hasta que vio la luz *Parajes de una época* (1979):

> Durante esos años yo era asistente examinadora y gerente de una asociación. Estaba dispuesta a ir adonde fuera que me necesitaran. Quería entender qué me estaba pasando. ¿Qué había hecho yo? Pronto comprendí que se medía al escritor por su trabajo, y que algunas personas querían castigarme por lo que yo había publicado en El Puente (Citado en Howe 1999: 162).[34]

---

[34] «During those years I was an assistant grader and a union manager. I was willing to go wherever I was needed. I wanted to understand what was happening to me. What had I done? Soon I found out that they measure a writer by

Es en estos años de silenciamiento en los que emerge una poesía más reivindicativa y social. En su nueva tendencia, Morejón se siente hija de poetas como Pablo Neruda, Nicolás Guillén y César Vallejo, quienes habían participado a su vez en el conflicto bélico español[35] (*cf.* Zapata-Calle 2012). Surgirá también una conciencia de género que la poeta acuñará en su célebre poema «Mujer negra» (1975).

---

her work, and some people wanted to punish me for what I had published with El Puente» (citado en Howe 1999: 162).

[35] Nancy Morejón escribe en *Recopilación de textos sobre Nicolás Guillén* (1974) sobre la importancia de la guerra civil española y del II Congreso Internacional de Escritores para la Defensa de la Cultura que se celebró en plena guerra en Valencia, en 1937, y al cual acudieron escritores como Neruda, Vallejo, Juan Marinello, Langston Hughes, Alejo Carpentier, y que coincidió con el año en que Guillén ingresó en el partido comunista (*cf.* Morejón 1974: 17).

Capítulo 2
EL SURGIMIENTO DE LA POESÍA TESTIMONIAL MOREJONIANA

Es a partir de los años ochenta cuando se percibe un cambio de dirección por parte de las poetas negras hacia la concienciación de la opresión simultánea de género y raza como resultado de la profunda crisis,
y lo hacen desde la perspectiva del feminismo afrocéntrico, llamado
«womanism» por Alice Walker, y traducido al español como *womanismo*
y *mujerismo*[36]. Esta producción se inscribe en lo que Helen Hernández
Hormilla define como literatura posrevolucionaria o de transición,

---

[36] En la propuesta de este trabajo se ha preferido la opción del término *womanismo* por estar directamente ligado con la tercera ola del feminismo negro
estadounidense que surge en los años ochenta. Según Ula Y.Taylor en «Making Waves: The Theory and Practice of Black Feminism» hay tres fases en el
desarrollo del feminismo negro. La primera generación explora las diferencias
entre mujeres de distinta raza con temas como la maternidad y la privación
de las mujeres negras del derecho de atender a sus familias. En la segunda generación del feminismo negro se exploran cuestiones de salud y esterilización
forzada, mientras que en la tercera se introduce el término *womanismo*, propuesto por Alice Walker para nombrar al feminismo negro. Frente al feminismo occidental, el feminismo afrocéntrico incorpora la apreciación por la

donde hay una mirada desencantada de utopías agotadas, lo que lleva, a su vez, a una desacralización de tradiciones y paradigmas lingüísticos (*cf.* 2011: 117, 121).

En este estudio se propone la terminología de «poesía testimonial *womanista*» para describir la producción poética afrocéntrica de Morejón en torno a cuestiones de género y raza. Su poesía testimonial *womanista* responde simultáneamente al *womanismo*, al establecimiento del testimonio como género literario y a la posmodernidad, a la vez de constituirse como parte de la evolución de la tradición oral y escrita de la literatura afrocubana. No hay que olvidar que en los años ochenta confluyeron diversas manifestaciones culturales: Alice Walker publicó en 1983 su obra emblemática *In Search of Our Mothers' Gardens*, donde se define la palabra «*womanist*» con distintas acepciones; en este mismo año ganó el premio de la Casa de Las Américas el testimonio de la indígena guatemalteca Rigoberta Menchú, *Me llamo Rigoberta Menchú y así me nació la conciencia*, como informante de la antropóloga Elisabeth Burgos; otro hecho fue la aparición en Francia, también en 1983, del libro *Le Différend*, de Jean-François Lyotard, donde se cuestiona el concepto de justicia universal desde una perspectiva posmoderna.

Poesía posmoderna

Para entender el surgimiento de la poesía testimonial *womanista* de Nancy Morejón, el poemario *Persona* se propone aquí, en primer lugar, como una producción posmoderna al incluir voces subalternas femeninas. La caída del muro de Berlín hizo que el sistema económico de la isla entrara en crisis y emergieran los cuestionamientos sobre el gran discurso de la igualdad social. Hay que tener en cuenta que en Cuba el discurso posmoderno surge en contraste

---

cultura y el propio ser de la mujer negra, además de la denuncia de la opresión simultánea de raza, sexo y clase (*cf.* Taylor 2001: 23).

con la constante centralización del Estado, el control de los medios de comunicación, la falta de acceso a internet y otros medios privados de comunicación, además del aislamiento geográfico de la isla. Aun así, el contacto con el extranjero por el turismo masivo y la emigración ayudaron al cubano a redefinir su individualidad frente al otro, dentro y fuera de su comunidad. En *Postmodernism in the Mexican Novel* (1999), Gustavo Sainz aplica la posmodernidad a la realidad latinoamericana y la presenta como la expresión de una sociedad multicultural que reúne diferentes discursos y manifiesta una ramificación política en base a la deconstrucción de la historia, fundamentada en el punto de vista del «otro» (*cf.* 1999: 12). Este ser subalterno puede ser alguien políticamente reprimido, un homosexual, un campesino pobre, un indígena, un afroamericano, o, en el caso que aquí nos ocupa, una mujer negra. De esta manera, la escritura y la expresión artística desde las minorías ofrece una nueva visión de la realidad y un cuestionamiento de la historia[37]. Además, esto genera la caída del arte elitista (García Canclini 2001: 300).

Jorge Larraín establece una diferencia entre modernidad y posmodernidad al referirse al entendimiento de la identidad de una persona. Para él, en la modernidad se pensaba en el individuo como ser integrado, coherente y centrado, mientras que, en la posmodernidad, el sujeto está esencialmente fragmentado y descentrado sicológicamente, dividido internamente, incapaz de unificar sus experiencias, lo cual le lleva a expresarse con una serie de identidades fragmentadas y contradictorias (*cf.* 2001: 86-87). Esto se ve en la representación de la mujer negra de la poesía testimonial *womanista*, cuya imagen poco tiene que ver con la mujer sensual y simplista que se celebraba en el negrismo, sino que rechaza todo tipo de estereotipos y monolitismo.

---

[37] En *Historiography in the Twentieth Century: from Scientific Objectivity to the Postmodern Challenge* (1997), Georg G. Iggers alude al desafío que postula la postmodernidad al producir una historiografía que reconoce la creación literaria y el subjetivismo como elementos importantes en la reconstrucción de la historia y en el cuestionamiento del discurso oficial.

Barbara Christian, feminista negra estadounidense, considera el monolitismo como uno de los mayores elementos de dominación por parte de las ideologías hegemónicas para deshumanizar a las personas mediante estereotipos, privándoles de complejidad sicológica. Christian considera que el monolitismo se convierte en un "metasistema" (*cf.* 1988: 75). Por ello, las escritoras negras cubanas de la nueva era tales como Excilia Saldaña, Georgina Herrera, Daisy Rubiera Castillo, Zuleica Romay Guerra, Inés María Martiatu Terry y otras rechazan las voces uniformes y presentan identidades contradictorias, desligándose de los estereotipos asignados previamente. Los conflictos presentados en sus obras parten de ser mujeres que viven en un sistema regido por gobernantes en su mayoría considerados blancos y hombres que arrastran un legado cultural lleno de prejuicios que las discriminan. Ellas se han formado en sistemas educativos que no incluyen ni la tradición de los afrodescendientes, ni la historia de la mujer negra en particular. Se proclaman cubanas, a veces revolucionarias por los beneficios que el sistema comunista les otorgó, otras veces independientes por las opresiones que han sufrido. Se vinculan con la nación afroestadounidense por una historia de esclavitud común a la vez que rechazan la política del país vecino. De igual manera abrazan sus vínculos con la cultura española, aunque denuncian las injusticias del pasado y reclaman sus raíces africanas. Han aprendido a defender a sus comunidades negras frente al racismo, pero, a la vez, son maltratadas por sus propios familiares, víctimas del sexismo.

Fernando Ainsa postula que en la posmodernidad cada individuo se mueve simultáneamente en varios círculos que le otorgan identidades diversas según se mueva en el ámbito individual, familiar, y colectivo a través del grupo religioso, político, laboral o profesional con el que se identifica y desarrolla (*cf.* 2001: 68). No hay mejor ejemplo para exponer el estado de contradicción del subconsciente de la mujer negra que en uno de los poemas centrales del poemario *Persona* titulado «Amo a mi amo» (2010: 18), donde la mujer negra ama y odia a la vez al hombre que la somete y con quien comparte su vida. Su liberación comienza con el reconocimiento de esta contradicción. La composición «Persona» (2010: 33) de Morejón plantea igualmente la indeterminación de una identidad precisa. Comienza con la pregunta «¿Cuál de estas mujeres soy yo?» (2010: 33) y tras pasar revista a muchos tipos de mujeres negras no termina de identificarse con ninguna de ellas. La voz poética se sueña como un «alguien» indefinido, como una persona que no puede adherirse a una identidad preestablecida y única.

Poesía testimonial

En segundo término, la poesía morejoniana de este periodo se propone como una evolución del testimonio. Este género, antes escrito solamente en prosa, se presenta ahora también en poesía como un género híbrido. Como explica Helen Hernández Hormilla, es a partir de los cambios sociales acaecidos en Cuba a partir de los años ochenta y noventa cuando «el estilo testimonial gana fuerza y constituye una de las líneas más visitadas [...] la crisis parece haber despertado los resortes de la escritura si atendemos a la abundante termalización de asuntos sociales» (2011: 122). Así expone George Yúdice la coincidencia de la posmodernidad con la emergencia del testimonio:

> La escritura testimonial coincide con uno de los dogmas fundamentales de la postmodernidad: el rechazo de lo que Jean-François Lyotard (1984) llama la macro-narrativa o narrativa oficial [...] la escritura testimonial debe ser definida como una auténtica narrativa, expresada por un testigo que necesita narrar por la urgencia de una situación (p.e. una guerra, opresión, revolución, etc). Al enfatizar lo popular y el discurso oral, el testigo retrata su propia experiencia como un sujeto agente (más que como un representante) de una memoria colectiva y de una identidad en formación. La verdad es convocada con el motivo de denunciar una situación presente de explotación y opresión o para exorcizar y corregir la historia oficial. (1991: 16-17)[38]

---

[38] «Testimonial writing [...] coincides with one of the fundamental tenets of postmodernity: the rejection of what Jean-François Lyotard (1984) calls grand

La escritura testimonial vista como «literatura de resistencia» ya había sido descrita por Jacques Derrida en 1980 en su ensayo «*La loi du genre*» (citado en Acedo Alonso 2017: 64) y Nancy Morejón incluye esta resistencia en su poesía. Para ello, traslada a su poesía la representación de la vida diaria de las mujeres negras en el entorno público y privado. Las experiencias escritas ponen en evidencia que las leyes oficiales establecidas contra la discriminación de género y raza en el Código de la Familia y en los estatutos constitucionales, así como las medidas tomadas por la Federación de Mujeres Cubanas, no han sido suficientemente asimiladas por la sociedad cubana y muchas mujeres siguen sufriendo discriminación. En un testimonio recogido por Judy Maloof, Nancy Morejón puntualiza la existencia de esta urgencia de contar la desigualdad como ciudadana de un país y pide respeto por los escritores que lo hacen (*cf.* Maloof 1999: 90)[39]. Ellos contribuyen a mostrar la realidad social no visible en la oficialidad.

La poesía testimonial *womanista* de Morejón se presenta como la continuación del testimonio narrativo de tradición afrocubana. En esta categoría se puede contar con la *Autobiografía de un esclavo* (1840) escrita por Juan Francisco Manzano y presentada formalmente como un testimonio inmediato, aunque fue profundamente manipulado y corregido por Richard Robert Madden y Domingo del Monte en defensa del discurso abolicionista inglés (*cf.* Macchi 2007: 190). Más de un siglo después, el testimonio recogido en *Biografía de un cimarrón*

---

or master narratives [...] testimonial writing may be defined as an authentic narrative, told by witness who is moved to narrate by the urgency of a situation (e.g., war, oppression, revolution, etc). Emphasizing popular, oral discourse, the witness portrays his or her own experience as an agent (rather than a representative) of a collective memory and identity. Truth is summoned in the cause of denouncing a present situation of exploitation and oppression or in exorcising and setting aright official history» (1991: 16-17).

[39] «I think that one should respect someone's writing to the extent that that person communicates the urgency of the times. And I think that a person feels such urgency through his or her condition as a citizen of a country» (Maloof 1999: 90).

(1966), escrito y editado por Miguel Barnet sobre la vida de Esteban Montejo, fue concebido dentro del proyecto político de la Revolución cubana. Barnet acompañó el texto de una reflexión teórica en su introducción y, posteriormente, publicó su ensayo «La novela testimonio. Socio-Literatura» (1971). Para Elzbieta Sklodowska, «la peculiar retórica del ensayo teórico de Barnet [...] contribuye a la sensación de que estamos frente a un proyecto "oficial"» (1990: 10).

Miguel Barnet crea una composición que se entiende como un género literario nuevo, la novela-testimonio, donde no renuncia al discurso político, al lenguaje poético y a la ficción para presentar la vida del informante. En su artículo «Miguel Barnet y la novela-testimonio» (1990), Sklodowska insiste en la constante tensión entre lo que es el testimonio inmediato y la recreación del mismo mediante la ficción, la manipulación del discurso y la incorporación de detalles íntimos que van moldeando la personalidad del informante (*cf.* 1990: 1072). En esta línea, Barnet escribió otros testimonios como la *Canción de Rachel* y *Gallego*. En ellos, «el narrador es una síntesis literaria de varios informantes» (Sklodowska 1990: 1078). Sin embargo, Barnet excluyó a una anciana negra sobreviviente de la esclavitud en beneficio del informante Esteban Montejo, según aparece en la introducción del testimonio de Montejo, y nunca se publicó el testimonio de esta mujer.

El primer testimonio de una mujer subalterna americana que fue conocido internacionalmente se publicó en Cuba en 1983, pero no fue el de una mujer negra, sino el de una indígena, Rigoberta Menchú, editado por la antropóloga Elisabeth Burgos. No hay que olvidar que la Institución Casa de las Américas inauguró en 1970 la categoría del testimonio como un género literario para ser premiado. Según George Yúdice:

> Había narrativas testimoniales antes y durante el "boom", pero no fueron traídas a la esfera literaria [...] Destaca el hecho de que, en relación con las guerras por la hegemonía global, el premio fuera establecido después de la ruptura con los intelectuales liberales latinoamericanos por el «reforzamiento» de la línea soviética del Gobierno cubano. Esta fue claramente

una respuesta y un avance positivo por parte de los cubanos, ya que con ello contribuyeron a erosionar el canon del «boom». (1991: 26)[40]

En los años ochenta se consideró el testimonio como una modalidad literaria auténticamente latinoamericana, encuadrado dentro del posboom. En esta categoría, la obra de Rigoberta Menchú creó un modelo a seguir, acompañado de toda una polémica acerca de la veracidad de su palabra, ya que rompía con la metanarrativa de su Gobierno guatemalteco. Para invalidar su testimonio se lo intentó desacreditar aludiendo a la falta de veracidad de datos concretos y a la presentación de una identidad mediatizada, por ser un trabajo fruto de un encuentro intercultural y no de una labor etnográfica elaborada en base a un trabajo de campo. Pero lo cierto es que este libro estaba respondiendo a la nueva tendencia de novela-testimonio ya aceptada con la obra de Barnet, la diferencia radicaba en la contemporaneidad de la opresión expuesta por la mujer indígena.

No es de extrañar que el francés Jean-François Lyotard publicara su libro *Le Différend* el mismo año de la polémica, traducido posteriormente al inglés en 1988, donde denunciaba la universalización de la justicia abogando por una visión posmoderna de la misma. Lyotard expone cómo el testimonio de algunas víctimas se neutraliza al ser juzgado dentro del sistema al que pertenece el opresor:

> Me gustaría definir la palabra «*différend*» como el caso en el que el demandante es privado de los medios para defenderse y se convierte por ello en una víctima. Si el que denuncia, el destinatario y el sentido del testimonio son neutralizados, todo ocurre como si no hubiera daños. Un caso de

---

[40] «There were testimonial narratives before and during the "boom", but they were not brought into the literary sphere [...] It is significant, as regards global hegemonic struggles, that the prize was instituted after the break with liberal Latin American intellectuals over the "hardering" of the Soviet line of the Cuban government. This was clearly a constestatory and a positive move on the part of the Cubans, for with it they helped erode the "boom" canon». (Yúdice 1991: 26)

«*différend*» entre dos partes tiene lugar cuando la regulación del conflicto que las separa es tratada en el idiolecto de una de las partes, mientras que el mal sufrido por la otra no se expresa en el mismo idiolecto. (1988: 9)[41]

El concepto de «*différend*» se entiende entonces como un concepto de disputa y desigualdad. Para combatir la inequidad en el lenguaje legal, y teniendo en cuenta que la posmodernidad acepta la ficción como mecanismo para narrar la historia, Lyotard argumenta que las nociones de justicia e injusticia no son universales ya que no se pueden aplicar de un grupo a otro en los mismos términos, y que uno de ellos puede usarla a su favor y neutralizar el daño causado a las víctimas. Lyotard hace un llamado para prestar atención a lo particular, al testimonio concreto, y no desestimarlo a favor de conceptos abstractos. Voces como las de Rigoberta Menchú y las de las feministas negras estadounidenses son cruciales para entender la emergencia del testimonio de las mujeres afrocubanas, aunque usen el arte para comunicar sus experiencias. Lo que parece buscarse es un espacio de expresión fuera de la retórica oficial, donde la historia y el elemento creativo se den la mano para dejar constancia de la opresión sufrida por la mujer negra a lo largo de su historia.

Hay que dejar claro, sin embargo, que este trabajo no es sobre el testimonio narrativo. Algunos críticos han hablado de la poesía testimonial latinoamericana en general, como lo hacen Saul Ibargoyen Islas y Jorge Alejandro Boccanera en la introducción de su antología *Poesía testimonial latinoamericana* (1999), donde la definen como una expresión de resistencia y denuncia. Por su parte, Edmund Stephen Urbanski ya había usado esta terminología en *La realidad*

---

[41] «I would like to call a "*différend*" the case where the plaintiff is divested of the means to argue and becomes for that reason a victim. If the addressor, the addressee, and the sense of the testimony are neutralized, everything takes place as if there were no damages. A case of "*différend*" between two parties takes place when the regulation of the conflict that opposes them is done in the idiom of one of the parties while the wrong suffered by the other is not signified in that idiom». (Lyotard 1988: 9)

hispanoamericana en la poesía testimonial (1967), en torno al socialismo cristiano latinoamericano. En Cuba, el camino hacia la poesía testimonial *womanista* lo emprende Excilia Saldaña, con composiciones que combinan la prosa y la poesía. Como explica Dawn Duke, a Saldaña se la conoce por la manera en que ella rompe la separación entre la prosa y la poesía para crear una fusión que abre otro espacio para la expresión poética femenina (*cf.* 2008: 113). Por su parte, Nancy Morejón se integra en la tradición del testimonio transformándolo en poesía, entendiendo este medio como vehículo de expresión alternativo al testimonio narrativo en su búsqueda de justicia. La falta de libertad de expresión queda paliada con el uso de un lenguaje codificado, polisémico y de difícil entendimiento.

Un cambio importante entre el testimonio narrativo y la poesía testimonial *womanista* se produce al eliminar el vacío entre la informante y la transcriptora que todavía existe en el texto de Rigoberta Menchú y Elisabeth Burgos. A partir de la década de los ochenta, intelectuales negras como Daisy Rubiera Castillo, Gloria Rolando o la propia Morejón recopilan mediante la ficción y el testimonio en sus distintas variantes las voces de otras mujeres negras. La informante deja de estar en el ámbito de la otredad para convertirse en una igual con quien identificarse, con una historia compartida en un espacio común. Se rompe así con el concepto de «desfamiliarización» propuesto por el formalista ruso Viktor Shklovsky al hermanarse las unas con las otras y compartir una historia de opresión. Se establece una nueva forma de dar la palabra a la mujer negra para que se exprese por sí misma y no a través del intelectual blanco u occidental. De este modo, en la poesía testimonial *womanista* se incluyen no solo las experiencias de las informantes, sino las de las propias autoras en una fusión total.

El hecho de incluir en los textos algunos datos autobiográficos elimina no solo el concepto de otredad, sino también los límites entre lo personal y lo colectivo. Las voces poéticas presentadas por Nancy Morejón están habitadas por muchas mujeres cubanas del presente y del pasado. Una vida, la del sujeto poético, es normalmente el hilo narrativo que da unidad a la narración de los sucesos que recuerda fragmentados, aunque no se refleja solamente la experiencia única y personal típica de las autobiografías. El «yo» se transforma en un «nosotras», cuyas voces son alegorías de la historia y de la situación social de un colectivo. De esta manera, muchas lectoras se sienten identificadas con el sujeto poético porque se habla de opresiones y experiencias compartidas.

En cuanto a la manipulación del lenguaje hay que tener en cuenta que en todo testimonio existen dos textos: el creado por el informante y el recreado por el receptor que lo transcribe y lo altera. En el caso de la poesía testimonial *womanista* se produce una alteración adicional orientada a la estilización poética del lenguaje de una manera digna. Hay que tener en cuenta que la representación del lenguaje oral del afrocubano en la poesía negrista era muy jocosa y vejatoria y relegaba al negro al papel de gracioso. En el testimonio de Reyita, madre de Daisy Rubiera Castillo, esta da el ejemplo de un poema negrista de Emilio Ballagas, «Canción para dormir a un negrito» (1938) con el que no se identificaba de ninguna de las maneras, ni por el contenido ni por el lenguaje:

> [D]e todas las poesías que leía, la que nunca me gustó fue la que se llamaba *Para dormir a un negrito*, o algo así, porque en ella se reflejaba —según el autor— la máxima aspiración que tenía un negro, o que tenía una madre negra para su hijo. En una línea de una de sus estrofas decía: «Cuando tú sea grande va a sé boxeadó...», uh, sólo nosotras sabíamos realmente cuáles eran nuestras aspiraciones. (Rubiera Castillo 1997: 159)

La poesía testimonial *womanista* de Morejón, a pesar de la manipulación poética, no es denigrante. Tampoco elimina el elemento de veracidad, ya que incorpora referencias a lo cotidiano y a lo social y, sobre todo, presenta la perspectiva de la mujer negra que ya no habla a través del hombre escritor.

Formalmente, con la poesía *womanista* se produce también un acercamiento de lo periférico al centro como género testimonial y posmoderno. Para apreciar este fenómeno hay que partir de la idea de que el testimonio narrativo no fue considerado como texto creativo hasta 1970 y se ha mantenido como marginal dentro del canon literario. Sin

embargo, al utilizar el lirismo para expresar el testimonio de indivi-
duos subalternos, Nancy Morejón ocupa el vehículo de la tradición
occidental elitista más canónica, la poesía. Esto constituye un acercamiento al canon de la literatura universal. Si en el pasado la élite uti-
lizaba las composiciones versificadas para la expresión de lo sublime
y de lo puro, las poetas negras los crean a partir de los años ochenta
para mostrar las injusticias de la misma élite, para exponer lo vergon-
zoso, denunciar la opresión, reivindicar su dignidad robada, reclamar
sus derechos y su presencia digna, no solo dentro de la literatura sino
como personas en su sociedad.

En 1963 el etnólogo Rogelio Martínez Furé explicaba su visión de
la función social de la poesía en el prefacio incluido en *Poesía yoruba*,
publicada en Ediciones El Puente:

> [e]ntre los yorubas la poesía cumple una función social de primera impor-
> tancia, e interviene en todas las manifestaciones de su vida [...] Mientras en
> nuestra cultura Occidental, la poesía ha dejado de desempeñar función so-
> cial para convertirse en goce de minorías, entre los yorubas desde los can-
> tos de alabanza a los dioses hasta los comentarios sarcásticos sobre los
> sucesos de actualidad se hacen por este medio. Y no está reservado sólo
> para las ocasiones solemnes o festivas, sino que forma parte de la vida co-
> tidiana. (Barquet 2011: 526-527)

Nancy Morejón hace suyo este sentido social de la poesía yoruba y
la función testimonial asignada a la poesía en el movimiento de la ne-
gritud, como ocurre en el caso del poemario *Cahier d'un retour au pays
natal* (1939) de Aimé Césaire. Añade, además, su reivindicación de género. La poesía testimonial *womanista* bebe de filosofías como la expresada por la caribeña Audre Lorde en su ensayo «*Poetry is Not a Luxury*»
(1997). Para ella, la poesía es una necesidad, reflejo y testimonio de la
experiencia, cuyos versos surgen de la urgencia de comunicación para
predicar las esperanzas y los sueños de la mujer negra. Esta creación
se ve como una manera de supervivencia y cambio, como una forma de
hacer revolución en busca de libertad (*cf.* Lorde 2000: 365-367).

Poesía *womanista*

El tercer paso para definir la poesía testimonial *womanista*, después de haberla caracterizado como posmoderna y testimonial, es el de presentarla como una producción que surge dentro del marco teórico del *womanismo* o tercera ola del feminismo negro. Según Nancy Morejón, la conciencia de discriminación de género, clase y raza ya estaba en Cuba antes de los años ochenta, pero fue a partir de entonces cuando, a pesar del bloqueo internacional, comenzaron a recibir obras de escritoras afrodescendientes como Alice Walker, Barbara Smith, Audre Lorde, Barbara Christian, Jayne Cortez y de la jamaicana Lorna Goodison, entre otras (*cf.* Zapata-Calle 2012). Si en un principio Alice Walker propuso el término *womanismo*, Clenora Hudson-Weems ha articulado la teoría social creada a partir de él. Esta teórica rechaza el «feminismo» como terminología adecuada para articular su propuesta. Para ella, la mujer negra no puede adaptarse a una agenda predeterminada, ni formar parte de la periferia de un orden ya creado. En su lugar, Hudson-Weems propone la terminología de «*womanismo* africano», donde la mujer negra crea su propia agenda, estableciendo el *womanismo* afrocéntrico como una sororidad creada para todas las mujeres de descendencia africana, que se enfoca en las experiencias particulares de estas, así como en sus luchas, necesidades y deseos (*cf.* 1993: 24).

Nancy Morejón, si bien ha reflejado la adhesión a la política revolucionaria cubana, su obra se encuadra en un proyecto literario que tiene mucho de subversión en un sistema patriarcal y europeizante, por el mero hecho de reivindicar la emancipación de la mujer negra cubana en su poesía. Esteban Morales Domínguez todavía reclama en 2007 en su libro *Desafíos de la problemática racial en Cuba* que la identidad individual, sea racial o de género, no puede quedar diluida dentro de la identidad nacional. Para él, la nación incluye un complejo de identidades que tienen que ser reconocidas todas de manera equilibrada para que pueda funcionar como tal (*cf.* 2007: 301). La mujer negra siente que debe contar su propia historia y sus circunstancias sociales, diferentes al resto de los cubanos, incluyendo al hombre negro, por haber sufrido durante siglos la opresión simultánea de raza, género y clase. La poesía testimonial *womanista* es vista en este contexto como un arma de lucha y resistencia dentro del proyecto concreto de liberación de la mujer negra. Como ejemplo, Nancy Morejón en su poema «La silla dorada» (2010: 37) muestra, por una parte, el racismo que sufre la mujer negra dentro del sistema educativo del país y, por la otra, el sexismo que sufren las abuelas de la voz poética dentro de su comunidad negra. Así, la mujer negra soporta simultáneamente ambas discriminaciones, las cuales denuncia la escritora.

Las intelectuales negras tratan de concienciar al colectivo de feministas occidentales de su contribución en el mantenimiento de la opresión simultánea de raza y género. Daisy Rubiera Castillo e Inés Martiatu Terry exponen que «el feminismo occidental es cómplice del colonialismo patriarcal y propaga las estructuras hegemónicas de poder» (2011: 236). Esta idea la presenta Georgina Herrera en su poema «Al palacio real llegan mensajes» donde la voz poética se dirige a la «reina madre» para decirle:

> Mientras estés orgullosa
> de tus antepasados, esos
> que de siniestros ladrones marineros
> hicieron almirantes,
> mientras no te sonroje la procedencia
> de las joyas de tu corona [...]
> esto será la guerra interminable (2006: 11)

Georgina Herrera descentraliza en estos versos al feminismo eurocéntrico, al que la voz poética juzga colocándose en un nivel moral superior. Si la posmodernidad permite moverse en el ámbito de una pluralidad de realidades que se suceden, conviven y convergen para completar la historia oficial, en el caso de este poema se expone cómo la realidad y la historia de la mujer blanca no es la misma que la de la negra. Se presenta un replanteamiento del discurso historiográfico, proponiendo la poesía como medio para recuperar la historia de la mujer negra mediante la creación artística[42]. La narración de la historia oficial de la que la mujer blanca se siente orgullosa en el poema de Herrera se problematiza al ofrecer una recreación de los hechos desde el punto de vista de la mujer negra, no tenido en cuenta antes.

El *womanismo* denuncia también la alienación del hombre negro que ha heredado la estructura colonial esclavista y maltrata a la mujer negra comportándose como el amo del pasado. Gayle McGarrity and Osvaldo Cárdenas lo explican así:

> Las mujeres negras sufren a menudo rechazo tanto por los hombres negros de piel más clara como por los de piel oscura. El privilegiado estatus social asociado a los hombres blancos y a las mujeres mulatas de piel clara lleva a muchos hombres negros y mulatos a continuar con el patrón histórico habitual del blanqueamiento en la selección de mujeres más claras como pareja. (1995: 102)[43]

En el contexto del mundo poscolonial cubano, la poesía testimonial *womanista* intenta no solo denunciar esta realidad, sino despertar la conciencia de la mujer negra como individuo semicolonizado y oprimido dentro de su comunidad, incluyendo un llamamiento para que se rebelen contra el abuso mediante la valoración propia. Nancy Morejón explica este fenómeno:

> Hay un tipo de hombre que es el que yo llamo «el negro triunfador». Como tiene posibilidades de consumo, se cree superior. Ese hombre

---

[42] Según el concepto de «metaficción historiográfica» de Linda Hutcheon, la realidad histórica se cuenta mediante la mezcla de subjetividad, creación y hechos históricos para narrar lo sucedido desde distintos puntos de vista, en un deseo de completar los vacíos entre el pasado y el presente y de reescribir la historia desde un nuevo contexto (1989: 117-118).

[43] «Black women often suffer rejection by both lighter- and dark-skinned men. The higher social status frequently attached to white and light mulatto women leads many black and mulatto men to continue the historical pattern consistent with *blanqueamiento* of selecting whiter women as mates» (McGarrity and Cárdenas 1995: 102).

triunfador es machista, pero, además, como consume y se cree superior, tiene que tener una mujer blanca, porque si tiene una negra no es un triunfador. (Citado en Zapata-Calle 2012)

Siguiendo las teorías del sicoanálisis de Frantz Fanon publicadas en su obra traducida *Black Skin, White Masks*, David Marriott reflexiona sobre la alienación que sufre el hombre negro. Marriott lo describe como aquel que se fortalece ejerciendo la negrofobia, transformándolo en devorador, lo cual usa como defensa contra su ansiedad. Sobre este asunto, el sicoanalista concluye que la negrofobia es por tanto un intento de liberar al ser de esta ansiedad reviviendo la hostilidad original y dirigiéndola contra otros negros (*cf.* Marriott 2000: 109). El negro alienado parece liberarse de sus ansiedades mediante la negrofobia dirigida no solo contra otros hombres negros, como postula Marriott, sino también hacia la mujer negra.

En esta situación cultural de maltrato y alienación, la mujer negra, al despertar de su aletargamiento por la concienciación de su triple opresión de raza, género y clase, se rebela ante el abuso propiciado por el hombre negro mediante el amor a sí misma y a su legado cultural africano. El hombre negro que se comporta como el amo esclavista del pasado queda desarticulado cuando la mujer negra se niega a someterse. El *womanismo* es una llamada a la liberación y al amor propio como un acto de rebeldía. Una de las descripciones que Alice Walker provee de una mujer *womanista* es la de una persona que «[a]dora la música. Le encanta bailar. Aprecia la luna. Tiene fe en Dios. Disfruta del amor, de la comida y de sus curvas. Se lanza a la lucha. Respeta a la gente de su etnia. Se ama a sí misma. *Por encima de todas las cosas*» (1983: xii)[44].

Una vez definida la poesía testimonial *womanista*, no está de más dejar constancia de otras variantes testimoniales que se han producido simultáneamente dentro del marco del feminismo afrocéntrico

---

[44] «Loves music. Loves dance. Loves the moon. Loves the Spirit. Loves love and food and roundness. Loves struggle. Loves the Folk. Loves herself. *Regardless*» (Walker 1983: xii).

cubano. Además de la poesía testimonial de Nancy Morejón, de Georgina Herrera y de Excilia Saldaña, entre otras poetas, en las últimas décadas han proliferado los testimonios narrativos, los documentales y las películas de ficción que recrean el espacio, la vida, la historia y la realidad social de la mujer negra cubana. El caso más destacable es el de Daisy Rubiera Castillo, quien publica tres testimonios narrativos: el de su madre en *Reyita, sencillamente* (1997); el de Georgina Herrera en *Golpeando la memoria* (2005); y el suyo propio junto con el de otras informantes en *Desafío al silencio* (2010). No hay que olvidar tampoco a otras escritoras negras como son Inés Martiatu Terry, Soleida Ríos, Caridad Atencio, las mujeres negras del grupo poético Omny Zona Franca, o las integrantes de la asociación Cumjuva (Cumbre Mundial de Juventud Afrodescendiente), quienes comparten el anhelo de desligarse de los macrodiscursos, la búsqueda de justicia y el ansia de traer a la literatura las voces subalternas que emergen desde el margen. En el campo del cine, Gloria Rolando, en su película *Las raíces de mi corazón* (2001), cuyo guion fue escrito por Georgina Herrera, expone el testimonio de las dificultades actuales de una periodista afrocubana para escribir sobre la cultura y la historia de la mujer negra en su intento de reconstruir la experiencia del pueblo negro en la guerra de 1912. En la música, el rap de grupos como las Krudas Cubensi responde a los discursos de sometimiento contra las mujeres. En todas estas manifestaciones artísticas, la ficción no resta autenticidad al reflejo de la sociedad, ya que se exponen experiencias cotidianas y recuperan su memoria histórica y cultural. Las intelectuales negras viven muy ancladas a su realidad social, proceden en su mayoría de familias humildes y reivindican la descolonización de sus cuerpos, de su intelecto, de su espiritualidad y de su historia en una sociedad donde aún pervive una herencia cultural opresora.

Esta producción ha atraído también la atención internacional creando otra variedad de testimonio *womanista* centrada en entrevistas a intelectuales afrocaribeñas como informantes. Concretamente el mundo editorial de los Estados Unidos se ha interesado por la vida y la obra de las escritoras negras cubanas. La propia Nancy Morejón fue la informante en el testimonio presentado por Judy Maloof en *Voices of*

Resistance: Testimonies of Cuban and Chilean Women (1999). Por su parte, Georgina Herrera colaboró en el documental *From Maids to Compañeras* (1998) producido por Jean Weisman. Más recientemente, Juanamaría Cordones-Cook ha tratado de recoger en sus documentales la experiencia de algunos artistas afrocubanos, incluyendo a escritoras afrocubanas como a Nancy Morejón, a Georgina Herrera y a Zuleica Romay[45] mediante el género de «historia de vida».

---

[45] Los títulos de estos documentales son *Nancy Morejón: Paisajes Célebres* (2013), *Cimarroneando con G.H.* (2011) y *Una ruta afro-cubana: Zuleica Romay* (2017), respectivamente.

Capítulo 3
LA POESÍA TESTIMONIAL *WOMANISTA* EN *PERSONA*

Gerardo Fulleda León recopila en la antología titulada *Persona* (2010) veintitrés poemas de Nancy Morejón que giran en torno a la evolución intelectual y a la educación de la niña/mujer negra en Cuba. Las composiciones escogidas se organizan cronológicamente según el año de su publicación, aunque esto no garantice que los poemas fueran escritos en el mismo orden. A pesar de esto, se puede apreciar una evolución del discurso en cuanto a cuestiones de raza y género. Por ello, el análisis de este poemario va a respetar el orden elegido por Fulleda León para publicar las composiciones, creando un hilo conector en torno a la expresión cultural e intelectual del pueblo negro en general y de la mujer negra en particular.

El capítulo se divide en varias secciones partiendo de los antecedentes de los que la poeta parte y de los cuales va a surgir su nueva voz en los años ochenta. Realidades como el silenciamiento cultural de los afrodescendientes en los sistemas educativos de la primera parte del siglo XX y la apreciación posterior y progresiva de algunas manifestaciones culturales sincretizadas van a hacer que se entienda mejor el discurso *womanista* en la obra poética de Morejón, siempre conectada

con su historia y con su contexto sociopolítico. Tras los antecedentes que se pueden apreciar en los primeros poemas, el cambio del discurso lo marca la composición «Amo a mi amo» (2010: 18), publicada
originalmente en *Octubre imprescindible* (1982), el mismo año en que
ve la luz la novela *The Color Purple* de Alice Walker. «Amo a mi amo»
se propone aquí como un hito o principio de una nueva etapa poética
de Nancy Morejón que se va a caracterizar por un *womanismo* posmoderno que evoluciona hacia un discurso afrofemenino de resistencia
contra la opresión simultánea de género y raza dentro y fuera de las
comunidades negras. A partir de este poema, se descubre en la antología analizada una multitud de voces poéticas femeninas que buscan la
emancipación no solo del patriarcado, sino también del endorracismo
producido por la absorción, por parte del pueblo negro, de un sistema
cultural y racial eurocéntrico heredado de la época colonial.

Invisibilidad cultural

No es aleatorio que *Persona* comience con el poema «Los buenos días»
(2010: 7), tomado de *Amor, ciudad atribuida*, puesto que trata sobre el
aprendizaje de una moralidad pequeño-burguesa[46], y de un sistema
científico positivista de herencia occidental. Hay que considerar, en
este sentido, que la mujer negra ha sido tratada históricamente como
inferior, tanto bajo los códigos de la moralidad cristiana como bajo el
prisma del pensamiento cartesiano. En el poema destaca el hecho de
que aquello que los niños aprenden en el colegio es lo que modula la

---

[46] Con el establecimiento del nuevo sistema político y de valores tras la
Revolución del 59, algunos saludos como el de «los buenos días» fueron vistos como un hábito heredado del sistema capitalista que había que erradicar.
Así lo explica Mirta, una de las mujeres entrevistadas por Isabel Holgado Fernández, quien se queja porque estos hábitos fueron tachados de pequeño-bur-
gueses produciendo generaciones cada vez menos respetuosas de los valores
cívicos y más violentas en la expresión (*cf.* Holgado Fernández 2002: 220, 224).

interacción de los adultos, todo lo cual está intrínsecamente ligado al sistema científico y moral heredado:

> En las casas más simples los buenos días son ávidos:
> «—¿Cómo va la señora de Pérez? ¿Le fueron bien
> los linimentos? Me alegra que su hijo estudie hoy
> el binomio de Newton, buenos días... Había olvidado
> de qué color tienen los ojos las honduras marinas...
> señora, la bodega me espera». (2010: 7)

La intención de Nancy Morejón parece ser la de descolonizar el intelecto de la mujer negra de estos códigos y aprendizajes y proponer otros nuevos más inclusivos.

La segunda composición de la antología es «La cena»[47], en la que la poeta incorpora el tema de una educación alternativa recibida en el seno familiar afrodescendiente. La niña del poema, al volver de la escuela, saluda a su madre y a su tío y espera a su padre[48]. De él ansía recibir los conocimientos que dan sentido a su existencia y le hacen pensar y desarrollar su intelecto:

> Ahí está el padre
> acurrucado casi
> para que yo encontrara vida
> y pudiera existir allí donde no estuvo
> me detengo ante la gran puerta
> y pienso. (2010: 9)

Retomando el pensamiento cartesiano, la niña piensa, luego existe «allí donde no estuvo», lo que podría aludir a la invisibilidad del pueblo negro en los libros de texto del colegio. La imagen de la llegada al

---

[47] Publicado originalmente en *Richard trajo su flauta y otros argumentos* (1967).

[48] Sobre la vida de Felipe Morejón Noyola, el padre de la poeta, y la influencia en su hija, véase «El padre» (Cordones-Cook 2009: 167-172).

espacio del padre está asociada con una gran puerta abierta, como una entrada magnífica de conocimientos. Gracias a él, la niña se convierte en un sujeto pensante. El padre no solo se ve como el proveedor de alimentos para la familia, sino también de saberes. Todos aprenden en torno a sus lecciones, incluyendo al tío, que aparece como su alumno en una relación familiar afectuosa, mientras la voz poética observa el intercambio de conocimientos:

> [...] veo a un hombre que construye
> otro que pasa cuaderno bajo el brazo
> y nadie
> nadie podrá con todo esto. (2010: 10)

El título del siguiente poema «Réquiem para la mano izquierda»[49] (2010: 11) podría reflejar la caída y muerte de la representación política de los más desposeídos dentro del sistema educativo y de su intelectualidad. No en vano, se estaba fraguando a finales de los años sesenta un posicionamiento conservador en el diseño de los planes de estudio. Según Zuleica Romay Guerra, «por entonces, las autoridades del sector cultural penalizaron de diferentes maneras a quienes cuestionaban las realizaciones del proyecto social revolucionario en el plano de la racialidad, independientemente de los contenidos, los tonos y escenarios en que se produjeron los señalamientos» (2012: 103-104). Justo antes de la primera publicación de «Réquiem para la mano izquierda» en 1967, Nancy Morejón había visto cómo la casa editorial de El Puente, donde ella y otros autores jóvenes negros publicaban sus obras, había sido acosada y cerrada en 1966 tras los ataques publicados en *El Caimán Barbudo*. Esta revista literaria estaba compuesta por una mayoría de hombres blancos y heterosexuales y había sido creada y financiada por las juventudes comunistas. Algunos de los miembros de El Puente, como Ana María Simo y José Mario Rodríguez, fueron perseguidos por ser homosexuales y acabaron en el exilio. Entre los

---

[49] Publicado originalmente en *Richard trajo su flauta y otros argumentos* (1967).

intelectuales negros que sufrieron la «parametrización»[50], Romay Guerra señala a Walterio Carbonell, a Tomás González y a Sara Gómez.
Este proceso culminó en abril de 1971 con la aprobación de nuevas
leyes educativas. Se trataba de «corregir supuestas fallas en la obra
educativa de la Revolución utilizando métodos rigoristas y autorita-
rios, los que hallaron anclaje en la Declaración Final del Primer Congreso Nacional de Educación y Cultura» (Romay 2012: 103).

Para representar el silenciamiento cultural del pueblo negro en el
sistema educativo cubano en el momento en el que la autora escribe
sus versos, esta divide el poema «Réquiem para la mano izquierda» en
tres estrofas. La primera expone lo que tienen en común dos mujeres, la voz poética negra y Marta Valdés[51], una mujer blanca a quien se
dedica el poema. La escritora incorpora el pronombre «nuestra» para
unirlas. Aunque entre ellas existe una diferencia racial, comparten
una idiosincrasia común, su cubanía, fundada en una educación compartida, entre otros aspectos. En el contenido curricular de lo que se
imparte en la escuela, se destacan las referencias a conocimientos de
geografía y dibujo conectados con la historia de Cuba:

> sobre un mapa se pueden trazar todas las líneas
> horizontales rectas diagonales
> desde el meridiano de Greenwich hasta el Golfo de México
> que más o menos
> pertenece a nuestra idiosincrasia (2010: 11)

---

[50] El caso de censura o "parametrización" a la intelectualidad cubana más
famoso en la isla fue el del poeta Heberto Padilla, quien, tras haber sido premiado por la UNEAC (Unión de Escritores y Artistas de Cuba) por su libro
Fuera de juego en 1967, fue acosado por los Órganos de la Seguridad del Estado
y finalmente encarcelado en 1971. Al salir de la cárcel, tuvo que pedir perdón
por haber escrito un poemario que no estaba al servicio de la Revolución. Este
nivel de represión hizo que muchos intelectuales a nivel internacional, incluso
aquellos que habían apoyado al gobierno revolucionario anteriormente, le die-
ran la espalda tachándolo de dictadura.

[51] Marta Valdés es compositora y amiga íntima de Nancy Morejón.

Las líneas en el mapa podrían referirse a las trazadas por el recorrido de los barcos en los que llegaron los antepasados de ambas mujeres a América, tanto de África como de Europa, desde el meridiano común de Greenwich.

El contenido de la segunda estrofa gira en torno a la historia aprendida en el colegio del grupo étnico caucásico del que procede Marta, asociada con grandes mapas y globos terráqueos. Es interesante que el nombre de Marta esté escrito en minúscula, como si ella se hiciera pequeña ante tanta inmensidad:

> también hay mapas grandes grandes grandes
> en la imaginación
> e infinitos globos terráqueos
> marta (2010: 11)

La tercera estrofa refleja la falta de importancia de la historia del pueblo afrodescendiente en los planes de estudio. Frente a los grandes mapas de Occidente, el legado cultural de la voz poética negra queda "hoy" reducido a un espacio mínimo:

> pero hoy sospecho que sobre un mapa pequeñísimo
> mínimo
> dibujado en papel de libreta escolar
> puede caber toda la historia
> toda (2010: 11)

A más de cuarenta años de la publicación de «Réquiem para la mano izquierda», Zuleica Romay Guerra aborda el tema del estudio de la historia del pueblo negro en *Elogio de la altea* (2012). Romay Guerra pide una estimulación del debate social desde la escuela y denuncia el silenciamiento en la historiografía cubana de las contribuciones del pueblo negro. Para ella, el sistema educativo no aborda la racialidad desde una perspectiva histórica, sino que «omite su relación causal con relevantes procesos y acontecimientos de nuestro devenir, a la vez que constriñe su análisis a inarticulados sucesos de muy lejana data» (2012: 112). Romay Guerra analiza también las imágenes de los negros en los libros de texto y expone cómo estos suelen aparecer encadenados y esclavizados, lo cual ha producido la naturalización de la inferioridad de los africanos «en la misma medida que silencia los desarrollos de sus procesos civilizatorios antes de ser arrancados de su entorno cultural originario» (2012: 111). En la actualidad, aquellas medidas educativas aprobadas a principios de los años sesenta en Cuba todavía siguen impactando los planes de estudio, a la espera de reformas profundas que visibilicen en su correcta medida las aportaciones históricas y culturales de los afrocubanos.

Aportaciones culturales afrodescendientes

Nancy Morejón muestra la aportación cultural y la creación musical de los afrodescendientes en «Richard trajo su flauta» (2010: 12-13)[52], poema en el que la educación musical es el tema principal. La escritora parte de los aprendizajes eurocéntricos aprendidos, a los que incorpora elementos afrocubanos. Los primeros versos aluden a dos viejas que disecaron dos pájaros en un museo, como dos tradiciones culturales antiguas y separadas que han quedado fosilizadas e inmutables, ancladas en el pasado. La voz poética, que se recuerda como niña en edad escolar, no parece sentir ninguna motivación de aprender las dos culturas por separado. La percepción artística de la niña marca una nueva era, la del mestizaje cultural reflejado en la música del «abuelo Egües» (2010: 12).

El flautista Richard Egües fue un músico negro cubano muy conocido y miembro de la Orquesta Aragón. Es importante el hecho de que viviera en el barrio habanero Los Sitios, el mismo en el que Nancy Morejón creció. De hecho, según explica la escritora en el documental *Nancy Morejón: Paisajes célebres*, sus familias estaban muy

---

[52] Se trata de la tercera parte del largo poema «Richard trajo su flauta», publicado originalmente en *Richard trajo su flauta y otros argumentos* (1967).

unidas (Cordones-Cook 2013). En la tercera parte del poema «Richard trajo su flauta» se relata un recuerdo autobiográfico que se concentra en la primera vez que la autora escuchó el clarinete de Egües y cómo esta música mestiza supuso un cambio en su vida:

> el día que las dos viejas disecaron dos pájaros
> en algún sitio de un museo
> regresamos vacíos deseosos de escuchar la música del siglo [...]
> sometidos a la hegemonía de una magia [...]
> gracias a abuelo Egües aquella era la llegada de una era
> para nosotros la infancia revivida (2010: 12)

La voz poética se recuerda sometida a la hegemonía de una magia causada por un instrumento de origen europeo. Aunque como adulta es consciente de la alienación cultural que esto supuso, se defiende exponiendo la capacidad de la apreciación artística, independientemente de su origen, sin que esto suponga un rechazo a lo propio:

> Mozart y Europa reían muy lejos
> pero también nosotros bailábamos desesperadamente
> al escuchar un timbal un bajo una trompeta un güiro una flauta
> reunidos en campaña
> o al escuchar los golpes de los parches nacidos del mismísimo
> fuego (2010: 12-13)

La propuesta de Morejón es el mestizaje en la producción artística, pero para que esto sea posible hay que recuperar el componente étnico de origen africano. Por ello, en el siguiente poema incluido en *Persona*, «Mujer negra»[53] (2010: 14-16), se explora el camino y la entrada en el

---

[53] Fue publicado por primera vez en 1975, en la revista Casa de las Américas, coincidiendo con el Año Internacional de la Mujer (*cf.* Morejón y Cordones Cook 2003: 51). En aquellos años, el cartel de Ángela Davis creado en 1971 con la frase «I am a black woman» se presentaba también como uno de los eslóganes de la América Negra de los Estados Unidos, como se ve en el documental *The Black Power Mixtape 1967-1975* (*cf.* Göran 2011).

mundo cultural de los creadores afrocubanos. Esta composición, generalmente incluida en antologías y libros de texto sobre poesía latinoamericana, adquiere en el contexto de *Persona* un nuevo significado que va orientado hacia el reconocimiento de la validez artística del pueblo negro con respecto al eurocentrismo imperante. Lo primero que hay que destacar es su título, en el que se expone el orgullo étnico. Kimberlé W. Crenshaw explica la aceptación y el reconocimiento racial como un discurso de resistencia:

> Todos podemos reconocer la diferencia entre la afirmación «soy negro/a» y «soy una persona que sucede que es negra». «Soy negro/a» se apropia de la identidad impuesta socialmente como un ancla de subjetividad. «Soy negro/a» no se convierte simplemente en una afirmación de resistencia, sino también en un discurso positivo de auto-identificación, íntimamente conectado con afirmaciones laudatorias como la afronacionalista «Lo negro es bello.» [...] la estrategia de resistencia más crítica para desmantelar grupos es ocupar y defender el espacio social y político más que dejarlo vacío y destruirlo[54]. (1991: 1297)

Esta autoafirmación racial no era común en Cuba hacia mediados de la década de los setenta cuando hablar de raza se había convertido en un tema tabú a favor de una cubanía unificadora. Pero Nancy Morejón no solo reivindica en «Mujer negra» el orgullo racial, sino que también hace una reclamación de género en un mundo cultural cerrado para el arte producido por mujeres negras. La ausencia de este espacio artístico fue percibida por Alice Walker, quien explica en *In the Search of our Mothers' Gardens* las impresiones de su viaje a Cuba en 1977. Para ella,

---

[54] «We all can recognize the distinction between the claims "I am Black" and the claim "I am a person who happens to be Black". "I am Black" take the socially imposed identity and empowers it as an anchor of subjectivity. "I am Black" becomes not simply a statement of resistance but also a positive discourse of self-identification, intimately linked to celebratory statements like the Black nationalist "Black is beautiful". [...] the most critical resistance strategy for disempowered groups is to occupy and defend a politics of social location rather than to vacate and destroy it» (Crenshaw 1991: 1297).

los jóvenes cubanos no parecían ser conscientes de su raza, ni expresaban ningún tipo de orgullo étnico, mientras que afirma haber percibido el racismo por parte de algunos miembros mayores de la UNEAC y del Instituto de Cine Cubano: «Parecía que les molestaba que negros norteamericanos se atrevieran a cuestionar cualquier cosa sobre Cuba —incluyendo la ausencia de mujeres en la cinematografía y en la escritura»[55] (Walker 1983: 211). A pesar de esta actitud percibida por Alice Walker, Nancy Morejón consigue que su poema sea aceptado gracias a la inclusión estratégica de sus versos finales a favor del comunismo: «Iguales míos, aquí los veo bailar / alrededor del árbol que plantamos para el comunismo. / Su pródiga madera ya resuena» (2010:16). Sin embargo, un lector suspicaz puede entender que, para ese tiempo, la autora estaba abriendo caminos con un discurso subversivo que reclamaba las aportaciones del pueblo negro en general y de las mujeres negras en particular. De hecho, este poema se puede considerar dentro del feminismo negro como antecedente del *womanismo*, al constituirse como una celebración de la contribución de la mujer negra cubana en su sociedad.

La voz poética se enfrenta en los versos de «Mujer negra» al orden cultural establecido para intentar recuperar su historia olvidada de sus antepasados en Cuba. Como representante de multitud de generaciones que han vivido en la isla a lo largo de los siglos, se rebela, se subleva, trabaja, lucha, y llega hasta un presente que se ve como un momento en el que el pueblo negro se ha emancipado y está preparado para asumir la tarea de la creación cultural. Esta evolución se puede interpretar en los siguientes versos:

y porque trabajé como una bestia,
aquí volví a nacer.
A cuánta epopeya mandinga intenté recurrir [...]
Ahora soy: sólo hoy tenemos y creamos. (2010: 14,16)

---

[55] «They seemed annoyed that North American blacks dared to question anything about Cuba —including the absence of women in film-making and writing» (Walker 1983: 211).

La autora presenta la idea de un renacimiento cultural[56] que va más allá de transmitir oralmente las epopeyas mandingas del pasado o el resto del legado generado en África. El presente se ve como un espacio de nueva creación en Cuba. Si en el poema «Richard trajo su flauta» una niña sin apenas experiencia artística se somete a la magia del arte eurocéntrico, esto ya no sucede en «Mujer negra», donde la voz poética es una mujer que habla en nombre de un pueblo afrocubano que ha madurado a lo largo de los siglos, que se apropia de la magia inspiradora y que proyecta su propio arte:

> Nada nos es ajeno.
> Nuestra la tierra.
> Nuestros el mar y el cielo.
> Nuestras la magia y la quimera. (2010: 16)

En «Mujer negra» la mujer defiende aún con esperanza el gran proyecto revolucionario, sumándose a la lucha por la igualdad racial y girando, junto a la colectividad afrocubana, «alrededor del árbol que plantamos para el comunismo» (2010: 16). El crecimiento de este árbol, cuya madera «ya resuena» (2010: 16), parece estar vinculado a los avances culturales conseguidos por el pueblo negro tras el establecimiento del derecho a la educación de todos los cubanos en 1959. Se muestra además la evolución histórica y lineal del pueblo afrocubano desde el punto de vista de la mujer negra y se mira al

---

[56] Véase el poema «Renacimiento» de Nancy Morejón (1986: 73). Además, hay que tener en cuenta que el verbo «renacer» y el sustantivo «renacimiento» han sido utilizados en diferentes movimientos artísticos a lo largo de la historia, como el Renacimiento europeo del siglo XVI. En el mundo de los afrodescendientes, ha sido usado en el movimiento del *Harlem Black Renaissance* estadounidense. La expresión «Renacimiento negro en La Habana» es propuesta también por Juanamaría Cordones Cook para definir a la generación de escritores negros que comenzaron a escribir en los años sesenta, a partir de los integrantes que formaron el grupo de El Puente. Esto puede verse en el número especial de la revista *Afro-Hispanic Review* que editó Juanamaría Cordones-Cook titulado *Afro-Cuban Arts: A Renaissance* (2017).

porvenir con esperanza, lo cual sigue las pautas de la modernidad. Esta idea de progreso es propia de los años setenta, cuando fue publicado el poema. Una década después, este discurso va a desaparecer de la poética morejoniana con la llegada de la crisis socioeconómica de Cuba y de la posmodernidad. Se producirá entonces la muerte de las grandes utopías, como expone el filósofo francés Jean-François Lyotard (1986: 38).

Otra rama artística que Nancy Morejón recupera como expresión digna es la danza de origen ritual. En el poema «Elogio de la danza» (2010: 17)[57], los ritmos y los bailes afrocubanos se proponen como fuente de inspiración, dejando atrás su estigmatización. La dedicatoria del poema al guitarrista y compositor negro cubano Leo Brouwer confirma la apreciación por su arte. Este músico tuvo la oportunidad de ir a Europa en 1961 y descubrir allí, mediante la comparación de las melodías africanas con los cantos gregorianos y bizantinos, ritmos abstractos comunes (*cf.* McKenna 1988: 13). A partir de este descubrimiento, Brouwer ha sido capaz de crear muchas obras eclécticas y folklóricas al combinar los ritmos musicales de ambas culturas, siendo una de ellas la pieza de guitarra *Elogio de la danza*, cuyo título comparte esta composición poética.

La música y el baile de origen africano han sido rechazados a lo largo de la historia cubana no solo por no adaptarse a las costumbres eurocéntricas, sino también por estar conectados con rituales de una religión diferente al cristianismo. No hay que olvidar que la administración de Alfredo Zayas decidió prohibir los bailes afrocubanos en 1922, especialmente el conocido como el «Bembé», por considerar sus movimientos como bárbaros e irracionales, además de ofensivos para la moral. Posteriormente, Gerardo Machado reforzó esta ley en 1925 ampliándola al toque ritual de tambores e instrumentos de origen africano (*cf.* Moore 1994: 230-232). Estas medidas fueron aplaudidas por clubes negros y mulatos, como Atenas

---

[57] Publicado originalmente en *Elogio de la danza* (1982).

y Unión Fraternal[58]. Los propios intelectuales negros eran muy cuidadosos en marcar la distancia cultural con respecto a aquellos que integraban las capas populares y argumentaban en su ataque el supuesto atavismo de la música, del baile y de las religiones de matriz africana (*cf.* Romay Guerra 2012: 202). Las personas negras que no quisieran ser excluidas de la idea de civilización americana y de la razón cartesiana debían rechazar los sistemas ontológicos y las expresiones artísticas no occidentales. De todos los bailes, solo el de la danza del rito de la fertilidad entre Changó y Oshún se hizo popular internacionalmente por su componente erótico. Como explica Janheinz Jahn, en Cuba no se bailaba sin vergüenza hasta 1932, cuando fue presentado en una feria internacional en Chicago. Tras su éxito, se popularizó en todo el mundo como el baile de la rumba[59] (*cf.* Jahn 1990: 84). La aceptación popular de la danza de Oshún facilitaba la continuación del estereotipo de la mujer negra como lasciva e inmoral. La literatura se hizo eco de esta imagen también utilizándola en la emergente estética negrista. Al presentar este baile fuera de su contexto religioso yoruba, el valor de la religión, de la música y de la mujer negra quedaban despreciados y neutralizados por la moral cristiana.

Frente a la tendencia intelectual de rechazar los bailes de origen africano, Morejón los reivindica sin que esto entre en conflicto con su intelectualidad, puesto que para ella estas expresiones corporales no son irracionales ni bárbaras, sino producciones artísticas dignas de ser apreciadas. Recupera además su sentido ritual, asociándolos con sus orishas. En el poema «Elogio de la danza», el cuerpo no es visto de forma erótica, sino que está integrado en armonía con los cuatro elementos naturales, como son el viento, el agua, el fuego y la tierra:

---

[58] Como apunta Tomás Fernández Robaina, en la segunda década del siglo XX, fueron cruciales los ataques de los afrodescendientes que se identificaban con la cultura y los valores eurocéntricos, rechazando sus raíces culturales y familiares al vincularlas con el atraso y el salvajismo (*cf.* 2009: 87, 89).

[59] Uno de los mayores detractores de esta expansión fue el propio Fernando Ortiz, quien vio cómo el resto de los bailes africanos quedaban relegados al olvido a favor del componente erótico de uno de ellos (*cf.* Jahn 1990: 84).

Y el cuerpo
al filo del agua,
al filo del viento,
en el eterno signo de la danza. (2010: 17)

Morejón sugiere la dignificación y la sacralización del cuerpo afrodescendiente al apreciar la aportación artística de sus movimientos y al conectarlo con sus prácticas espirituales. Pero, de nuevo, la poeta apuesta por la apreciación de la danza africana sin despreciar la europea. De hecho, dos de las composiciones del poemario *Elogio de la danza*[60] están dedicadas a bailarinas cuya expresión artística proceden de dos tradiciones artísticas diferentes. Una de ellas es Nieves Fresneda[61], que bailaba en honor a Yemayá y a quien la poeta define como «un esplendor de la tierra y las aguas» y «un verdadero surtidor para la oralidad ritual cubana que incluso llegó a ser informante de Don Fernando» (Cordones-Cook 2011a: 339). La otra bailarina incluida en *Elogio de la danza* es Alicia Alonso, famosa en el campo del ballet clásico de origen europeo. El poema titulado "Alicia Alonso" presenta a la bailarina como "leve y profunda" (Morejón 1982: 27). De esta manera, Nancy Morejón va abriendo el espacio para la apreciación de la tradición afrodescendiente sin desdeñar la tradición eurocéntrica hegemónica.

La emergencia del discurso *womanista*

Con la posmodernidad, surge en Cuba un cambio de discurso con respecto a la realidad social de la mujer negra. Al otorgar voz y presencia

---

[60] El poema «Elogio de la danza», incluido en la antología *Persona* (2010) que aquí se analiza, es la primera composición del poemario *Elogio de la danza* (1982).

[61] Nancy Morejón le dedica su poema «Elogio de Nieves Fresneda» (1982: 15-16).

a este colectivo como grupo independiente del patriarcado y del eurocentrismo, una de las grandes metanarrativas de la modernidad
que entra en crisis en los años ochenta es la del feminismo occidental, con su asunción universal de la mujer heterosexual blanca y de
clase media, confinada en la esfera de lo doméstico y dependiente del
hombre (Fraser y Nicholson 1990: 33). A diferencia del feminismo ya
consolidado, el *womanismo* posmoderno se enfoca en la realidad de la
mujer negra, constituyendo un acercamiento más inclusivo que tiene
en cuenta las diferencias de género, raza, clase, orientación sexual,
religión, etnia, edad, o de circunstancias históricas, geográficas, políticas y culturales.

En la misma década, desde los Estados Unidos, se comienza a desarrollar un interés especial por parte de las activistas sociales negras
estadounidenses hacia las llamadas «feministas del Tercer Mundo».
Clyde Taylor escribe en «*Black Writing as Imminent Humanism*» acerca
de este acercamiento de escritoras como Audre Lorde, Jayne Cortez, June Jordán y Alice Walker (1985: 794). Del lado cubano, Nancy
Morejón también estuvo siempre interesada en la literatura que la
mujer negra producía en el gran país vecino, de hecho, por este interés mutuo, comenzó a viajar a los Estados Unidos, primero a Puerto
Rico en 1979, y a partir de 1983 se hicieron frecuentes sus viajes a la
zona continental invitada por múltiples universidades (*cf.* Zapata-Calle 2012). El pensamiento *womanista* de la mujer negra estadounidense
llegó también a la isla gracias al cine. Como explica Zuleica Romay
Guerra, desde los años setenta el cine nacional no podía mostrar la
realidad social cubana[62]. Por ello, la manifestación contemporánea de
los conflictos heredados de la esclavitud llegaba a los cubanos a través
de series y películas extranjeras, mayoritariamente estadounidenses.

---

[62] Zuleica Romay Guerra incluye el ejemplo de Sara Gómez, quien fue sometida a «parametrización». Ella explica que hubo creadores «cuyas poéticas,
temáticas y criterios estéticos fueron interpretados como "desagradecidos" e
inoportunos intentos de reivindicaciones al estilo *Black Power*» (2012: 104).

Romay Guerra nombra las películas *Roots, The Color Purple*[63] y *Good Fences* (*cf.* 2012: 116). Fruto del intercambio cultural, es en 1985 cuando Nancy Morejón hace alusión por primera vez al término «*womanista*» en una conversación filmada con Elaine Savory Fido[64]: «Creo que la tarea de una *womanista* (hablemos con el término de Alice Walker que me encanta) en nuestra región debe estar de alguna manera relacionado con nuestra sociedad y nuestra historia» (Morejón y Savory Fido 1990: 266)[65].

El poema «Amo a mi amo»[66] comienza con la idea de la sumisión de la mujer, vista como una esclava «mansa cual un cordero» (2010: 18), mientras que el amo «muerde y subyuga» (2010: 18). En la primera estrofa el hombre es visto como blanco, un conquistador cuyos pies «piratearon y rodaron / por tierras ajenas» (2010: 18). La mujer se presenta como negra y esclava, sometida al hombre por su raza y por su género. Lo interesante en esta primera estrofa es el uso del tiempo presente para describir la sumisión, de lo cual se intuye que esta realidad aún sigue vigente. La voz poética del principio del poema, como mujer alienada por el patriarcado eurocentrista, parece servir y someterse al amo blanco sin oponerse abiertamente a su posición, puesto que la mujer lo eleva a una categoría de superioridad[67]. Es interesante también que el amo esté asociado con el poeta Jorge Manrique:

---

[63] Esta película, basada en la novela de Alice Walker del mismo título y llevada a la pantalla por Steven Spielberg en 1985, es emblemática en el pensamiento *womanista*.

[64] Esta entrevista fue filmada en Barbados, en The University of the West Indies en 1985 y publicada posteriormente en 1990.

[65] «I think the task of a *womanist* (let's talk with Alice Walker's term which I love very much) in our region should be something related to our society and to our history» (Morejón y Savory Fido 1990: 266).

[66] Julio Ramos explica que se obligaba a los esclavos a repetir la expresión «Amo, mi amo» como un deber más del esclavo al dirigirse al que poseía su vida (citado en Miller 2003: 7).

[67] Al preguntarle a Morejón acerca de la alienación de la mujer negra, ella insiste en la necesidad de erradicar este mal heredado: «Seguimos alienadas... son varios los niveles, pero las hay que piensan que son más bonitas si se

Amo sus pies que piratearon y rodaron
por tierras ajenas.
Los froto con los polvos más finos
que encontré, una mañana,
saliendo de la vega.
Tañó la vihuela y de su garganta salían
coplas sonoras, como nacidas de la garganta de Manrique. (2010: 18)

La alusión al poeta prerrenacentista y a sus coplas conectadas con
el amo blanco se podría interpretar, a nivel metafórico y en el campo
literario, como una relación de sometimiento inicial de las escritoras
negras con respecto al canon literario masculino eurocéntrico. La estudiosa Marylin Grace Miller piensa que nombrar a Manrique sirve
para deconstruir el discurso del amor cortés y la relación entre el amo
y el esclavo, que tiene sus raíces en los modelos del viejo mundo europeo (*cf.* 2003: 10). No hay que pasar por alto, además, el tema de las
coplas de Manrique, el cual parece vaticinar la idea de la muerte del
padre o del patriarcado eurocéntrico en el canon literario cubano, en
consonancia con la muerte de los grandes discursos de la modernidad,
dando la bienvenida a la literatura femenina y a los códigos culturales
de herencia africana.

En la segunda estrofa de «Amo a mi amo», el sujeto femenino sometido comienza a tener consciencia de la opresión que sufre por parte
del amo, no solo a nivel individual, sino también colectivo. La mujer
negra percibe su pérdida cultural y su desventaja lingüística. A ella le
hubiera gustado escuchar su música africana, que en el poema aparece aludida con la mención al instrumento de la marímbula, sin embargo, se ve forzada a renunciar a esta expresión cultural africana para
someterse a unos códigos occidentales que no termina de comprender:

---

ponen una peluca rubia, que las van a venir a contratar para Hollywood porque tienen una peluca rubia. Hay mujeres negras que no se sienten bonitas,
pero... de cualquier manera, las que se sienten bonitas, responden al llamado
del hombre, sin importarles mucho el origen o la clase de este, que las trata
como a un objeto sexual y no como a un ser humano» (Zapata-Calle 2012).

Yo quería haber oído una marímbula sonar.
Amo su boca roja, fina,
desde donde van saliendo palabras
que no alcanzo a descifrar
todavía. Mi lengua para él ya no es la suya.
Y la seda del tiempo hecha trizas. (2010: 18)

En estos dos últimos versos se produce una ruptura con la modernidad. El discurso de ella ya no es el mismo que el de él. Se resquebraja la sumisión anterior y la metanarrativa del cristianismo ante la evidencia de la violencia del sistema creado en nombre «de aquel Señor Dios / de quien me hablaba sin cesar» (2010: 19). Detrás del hombre que recita las coplas melancólicas de Manrique, se esconde un ser violento que da «latigazos en las calderas del ingenio» (2010: 19). La mujer se ve entonces abusada como si fuera un animal dominado por el amo, comparándose con sus caballos y con los murciélagos, oculta como una amante vergonzante:

¿Por qué vivo en la morada ideal para un murciélago?
¿Por qué le sirvo?
¿Adónde va en un espléndido coche
tirado por caballos más felices que yo? (2010: 19)

A partir de la concienciación del maltrato, surge el rechazo y comienza el proceso de liberación de la mujer negra. El poema se ve entonces dividido en dos por una palabra, «Maldigo» (2010: 19), que marca un antes y un después en la trayectoria de la identidad femenina. En busca de su emancipación de los moldes de raza y género, la voz poética de las tres últimas estrofas ya vive en otro tiempo histórico posterior al de la esclava del principio. En esta nueva realidad, la mujer presentada viste con bata de muselina como una mujer burguesa y ha logrado aprender la lengua del opresor, aunque se la haya tragado sin ganas: «esta lengua abigarradamente hostil que no mastico» (2010: 19). Pero a pesar de las mejoras materiales y del aprendizaje del sistema cultural hegemónico, la voz poética se sigue sintiendo sometida. Por ello, rechaza en primer término la moralidad y los comportamientos a los que tiene que someterse una mujer burguesa al rebelarse contra «estos encajes vanos que despiadado me endilgó» (2010: 19). En segundo lugar, se rebela contra el sometimiento sexual al hombre con la mención a «este vientre rajado por su látigo inmemorial» (2010: 19). Con este verso queda expuesta la denuncia al abuso ininterrumpido del cuerpo de la mujer negra a lo largo de la historia por su género y por su raza.

Para liberarse, la voz poética se imagina degollando al amo cada noche con un cuchillo que, como símbolo fálico, ha pasado a manos de la mujer. El cuchillo podría corresponderse también con el lápiz con el que la poeta escribe por las noches en una lengua que ha heredado del amo, pero que transforma eliminando los códigos culturales hostiles a la mujer negra e incorporando otros de origen africano. Una vez liberada del marco cultural eurocéntrico, la voz poética se siente atraída y embriagada por sus raíces africanas, dejando atrás el mundo cultural al que había estado sometida previamente: «Ensordecedores toques de tambor ya no me dejan / oír ni sus quebrantos, ni sus quejas. / Las campanas me llaman...» (2010: 19). Como explica Lorna V. Williams, la muerte del amo significa el final de la alienación cultural y con el ataque simbólico de este ser, antes inviolable, la mujer negra puede recuperar sus símbolos ancestrales de comunicación (*cf.* 1999: 137)

El nuevo orden femenino y afrodescendiente

Para contrarrestar el canon literario masculino y europeizante, en la composición «Obrera del tabaco» (2010: 20)[68] se alude al texto inaugural del nuevo orden femenino propuesto. La voz poética rescata la memoria de una poeta obrera anónima, cuyo texto ha permanecido guardado entre las hojas de un libro de José Martí. Si bien es cierto que

---

[68] Publicada originalmente en *Octubre imprescindible* (1982).

la propia madre de Nancy Morejón trabajó como obrera del tabaco, con la alusión a esta ocupación se hace honor a la labor social llevada a cabo por las asociaciones de trabajadoras de estas fábricas, desde que en 1879 se produjera la apertura de talleres femeninos para la elaboración de tabacos, cigarros y confecciones textiles[69]. Retomando el antecedente de estas obreras, Nancy Morejón parece reclamar la necesidad de una nueva organización femenina para continuar con la lucha por la emancipación de la mujer negra. Para ello, frente al libro de José Martí, la voz poética elige el poema de la obrera anónima que ha permanecido oculto entre las hojas del texto canónico. Esto se hace sin desvalorar la ideología de José Martí, a quien la obrera leía y con quien compartía «todos los deseos y toda la ansiedad» (2010: 21). La voz poética enfatiza la labor organizativa y revolucionaria de la escritora anónima y el uso social de sus versos.

> En su poema, no había penumbras sino lámparas energéticas.
> [...]
> En su poema, había disciplina y asambleas.
> En su poema, había sangre hirviendo del pasado.
> En su poema, había hígado y corazones.
> Su poema era un tratado de economía popular. (2010: 20)

El mensaje liberador del pasado se revitaliza en el presente, como proyecto de futuro. Aunque este poema morejoniano se publica en 1982, la referencia al año 1999 queda junto a un verbo en imperfecto, uniendo el pasado con el cambio de siglo próximo: «Era el año 1999...»

---

[69] Según Raquel Vinat, a finales del siglo XIX, estas agrupaciones de trabajadoras se convirtieron en cúpulas políticas con varias funciones que, además de apoyar a la causa independentista, constituyeron un gran apoyo para la defensa de los derechos laborales de la mujer y se convirtieron en centros educativos (*cf.* Vinat 1997: 300-305). Sobre la labor de estas trabajadoras también escribió la poeta y activista María Dámasa Jova, quien les hizo un homenaje en 1939 (1939: 14).

(2010: 20). La voz poética mira hacia la lucha del pasado y la proyecta hacia su porvenir, enfocándose en los derechos de la mujer afrocubana. A diferencia de la poeta anónima de «Obrera del tabaco» que nunca pudo traspasar los muros del canon literario establecido, en «Así lo cuentan las leyendas» (2010: 22)[70], el siguiente poema de *Persona*, parece que una escritora negra erosiona los límites impuestos al apropiarse de una lengua y de una cultura de la que ya forma parte para siempre. La autora comienza mostrando un espacio que se ha mantenido infranqueable, vigilado por cazadores a la espera de presas a las que cazar, vistas como elegantes antílopes. Morejón presenta esta dinámica como si se estuviera contando una leyenda: «Las pisadas del antílope, cuando avecina su elegancia / alertan al cazador / que espera agazapado y trémulo» (2010: 22). Sin embargo, se produce en el poema un cambio en la relación entre la presa y el cazador. El antílope comienza a tomar forma humana y pasa a ser visto en los últimos versos como una mujer bozal del siglo XIX.

> agazapada como el cazador,
> trémula como la hoja de hierba,
> sin palabras precisas, sin lengua,
> como un bozal del siglo diecinueve. (2010: 22)

La voz poética mira desde la distancia la relación entre la presa y el cazador y juzga a la mujer negra con los prejuicios heredados de la esclavitud, de ahí que sea descrita primero como un animal y después como una bozal incapaz de expresarse apropiadamente. La referencia a la lengua es muy importante porque la mujer afrodescendiente que quiera ser escritora o intelectual debe conquistar el campo lingüístico, literario y cultural del que ha sido excluida históricamente. La sorpresa se produce cuando, a pesar del camino tendido de trampas,

---

[70] Nancy Morejón comienza su libro *Piedra Pulida* (1986) con este poema, al principio de la sección «Cuerda veloz».

la mujer negra entra de forma inesperada en el campo de la literatura, burlando la vigilancia del cazador y sorprendiendo a la voz poética:

> Pero,
>   ¿y tus pisadas?
>   ¿y tu sigilosa aparición?
> Esas, me toman por sorpresa,
> me asaltan para siempre. (2010: 22)

Nancy Morejón podría estar aquí poetizando su propia experiencia en el campo de la creación. No hay que olvidar que no fue hasta 1970 cuando el escritor Ildefonso Pereda Valdés, rompiendo con la tradición patriarcal, incluyó a Nancy Morejón como la única poeta negra en su estudio *Lo negro y lo mulato en la poesía cubana* (*cf.* Davies 1993: 35), excluyendo a su vez a otras poetas negras anteriores y contemporáneas a Morejón.

En el próximo poema, «Nunca vi grandes lagos» (2010: 23)[71], la escritora parece expresar la idea de las dificultades experimentadas mediante la metáfora de un huracán, cuya violencia le altera su cabeza, «el nido de mis gorriones» (2010: 23):

> Mas cuando silva el huracán,
> mis ropas se desgajan
> y el nudo en la garganta,
> y el salto que sube hasta los sesos,
> y el nido de mis gorriones
> revuelto, húmedo, vacío... (2010: 23)

Además, la alusión al huracán podría vincular a la autora con el canon literario mediante la posible conexión intertextual de estos versos con el poema «En una tempestad» de José María de Heredia. La voz poética habita el mismo espacio geográfico que él, «En esta isla que me viera nacer» (2010: 23), aunque para ella el huracán no es una fuerza

---

[71] Publicado originalmente en *Piedra pulida* (1986).

liberadora, como lo era para el sujeto poético presentado por Heredia, quien lo espera entusiasmado:

> Huracán, huracán, venir te siento,
> y en tu soplo abrasado
> respiro entusiasmado
> del señor de los aires el aliento. (Heredia 1893: 222)

El poema que sigue en *Persona* es «Madre» (2010: 24)[72] y en él se ven los logros de una mujer negra contemporánea que hace balance de su batalla librada. Para ello, aparecen tres personas: la voz poética, la madre y el enemigo. Por una parte, la mujer contemporánea menciona el trabajo valiosísimo de las mujeres que la han precedido, lo cual queda reflejado en la consideración de las manos de la madre como piedras preciosas. Sin embargo, y a pesar de la contribución de estas mujeres a la nación cubana, la madre se presenta castigada:

> No hubo una rama limpia en su pupila
> sino muchos garrotes [...]
> y no sabía reír
> y no podía siquiera mirar el horizonte (2010: 24)

Frente a la situación de desamparo que la madre vivió en la primera mitad del siglo XX, «el tiempo aquel cuando corría, descalza / sobre la cal de los orfelinatos / y no sabía reír» (2010: 24), se proyecta un mundo burgués simultáneo lleno de comodidades a las que la mujer negra no tenía acceso: «Ella no tuvo el aposento de marfil, / ni la sala de mimbre, / ni el vitral silencioso del trópico» (2010: 24).

En oposición a la madre, también aparece un enemigo, un hombre que no queda racialmente definido, pero cuyo poder contrasta con la debilidad de una niña huérfana y desprotegida. Una generación más tarde, la hija lucha contra este enemigo de herencia colonial,

---

[72] Publicado originalmente en *Piedra pulida* (1986).

patriarcal y burguesa que destronó a su madre y la dejó como «reina desoída» (2010: 24). La voz poética quiere hacerse oír y recuperar las voces de las mujeres que la precedieron. La esperanza llega al final, cuando se deja entrever la victoria de la mujer negra contemporánea que se posiciona «frente a los restos fríos del enemigo» (2010: 24).

La idea de continuación de la lucha conecta el poema «Madre» con «Negro»[73] (2010: 25), en el que dos grupos de personas se oponen en una guerra dialéctica y cultural. El pronombre «nosotros» se corresponde con la voz poética plural y con los que valoran la tradición traída de África, frente al «ellos», los blancos, mestizos y negros alienados que, al mirar hacia África, consideran que «tus palos de monte / nos trajeron ese daño sombrío / que no nos deja relucir ante Europa» (2010: 25). La voz poética plural conversa en «Negro» con la memoria de un esclavo torturado, colgado y expuesto para escarmiento público. Al recordarlo, «cuando pendías en lo alto del horcón, / frente al palacio / de los capitanes» (25), comparte su espíritu rebelde y su pelo negro encrespado, del que se siente orgullosa a pesar de los desprecios del otro bando: «Tu pelo, / para algunos, / era diablura del infierno» (2010: 25). El esclavo ahorcado se establece como un mártir de guerra y de la nación afrocubana, inspirador para nuevas batallas:

> Nosotros amaremos por siempre
> tus huellas y tu ánimo de bronce
> porque has traído esa luz viva del pasado fluyente,
> ese dolor de haber entrado limpio a la batalla. (2010: 25)

La idea de guerra en el tiempo presente surge ante las nuevas circunstancias opresoras y discriminatorias que emergen en la segunda mitad de los años ochenta, especialmente para la mujer negra. El objetivo de la lucha se concentra en la superación de la alienación del pueblo afrocubano. Este es un principio esencial del discurso *womanista*,

---

[73] Publicado originalmente en *Piedra pulida* (1986).

ya que la mujer negra no podrá liberarse de la opresión de raza y de género si no se rompe con la perpetuación de los sistemas opresivos arrastrados desde la colonia que han degenerado en el endorracismo y en la aceptación de la superioridad del hombre. Por ello, recordando las motivaciones de los esclavos del pasado, se insta a una nueva lucha organizada contra la opresión. La idea de la vuelta a la batalla liberadora queda sugerida en los últimos versos de «Negro» al aludir a «ese rumor de aliento libre en primavera / que corre al mar para volver / y volver a partir» (2010: 26).

El poema que sigue en el poemario es «Piedra pulida»[74] (2010: 27). La autora expone el trabajo arduo e incansable de una escritora que busca la renovación de su sociedad a través de la producción artística y cultural. Con este propósito, ella se ha pasado la vida escribiendo poemas en un intento de que surja una «nueva ciudad»:

> Un nuevo libro,
> un nuevo día,
> otra nueva ciudad,
> más veranos, más flores,
> aquel perpetuo mar
> y yo, ahora,
> sobre piedra pulida (2010: 27)

La voz poética se ve sentada sobre una piedra pulida, aún no en una silla como en «La silla dorada» (2010: 37), marcando su *status* como escritora. Ya dentro del canon, aunque de una manera modesta, la voz poética hace balance de su carrera en el presente y ve la posibilidad de transformar su sociedad en el futuro mediante sus libros. Para escribir, parece inspirarse de una voz y de una mirada particular, aunque no identificada en el texto: «busco tus labios,/ busco tus ojos» (2010: 27).

---

[74] Publicado originalmente en *Piedra Pulida* (1986), con el que comparte el título.

Esta búsqueda podría conectarse con la regresión que queda plasmada en el siguiente poema, «Mirar adentro» (2010: 28)[75], donde la voz poética retrocede en el tiempo hasta la sociedad colonial y esclavista del siglo XVI para explicar las circunstancias en las que vive en el presente:

> Del siglo dieciséis data mi pena
> y apenas lo sabía
> porque aquel ruiseñor
> siempre canta en mi pena. (2010: 28)

Nancy Morejón, al conversar sobre este poema, explica que «[e]n esa fecha comenzó nuestra historia. Es una suerte de observación que parte de esa fecha y el que no vaya a hurgar en aquellas fuentes y no sea capaz de ver en el presente las cosas que arrastran del pasado, está perdido» (citado en Cordones-Cook 2011: 342). En su ir y venir constantemente de un tiempo a otro, Nancy Morejón aplica a la poesía lo que Linda Hutcheon considera como «metaficción historiográfica», una forma de narrar posmoderna que problematiza la historia a través de la subjetividad, la ficción y la experiencia del subalterno y que permite reescribir el pasado desde diversas perspectivas y contextos no tenidos en cuenta anteriormente (*cf.* 1989: 117-118).

El Periodo Especial

Los seis poemas analizados anteriormente pertenecen al libro *Piedra pulida*, publicado en 1986, en los que se presentan la emergencia de muchas tensiones sociales que parecen dividir a la sociedad. Los que siguen en el poemario *Persona* fueron escritos en los años noventa como reacción a la gran crisis de Cuba, llamada «Periodo Especial». Nancy Morejón refleja en ellos la decadencia de una nación que vio cómo desaparecían estrepitosamente muchos de los beneficios

---

[75] Publicado originalmente en *Piedra pulida* (1986).

disfrutados en las primeras décadas de la Revolución cubana, además de hacer evidente el aumento del racismo y del sexismo entre otros fenómenos. El poema «Paisaje célebre»[76] (2010: 29) vio la luz en 1993 y en él se recrea la obra pictórica *Paisaje con la caída de Ícaro* (1558 o 1560) de Pieter Brueghel el Viejo. El descenso estrepitoso del personaje mítico, Ícaro, parece ser visto como el desplome del sistema cubano. La idea de la decadencia es palpable no solo en la pérdida de la utopía de poder volar y de las esperanzas puestas en ella, sino también en la imagen del atardecer del cuadro y del poema, como referencia a un día luminoso que llega a su fin[77]. A diferencia de la escena original, Nancy Morejón adapta la imagen del lienzo a su propio espacio cubano, en Alamar, un barrio a las afueras de La Habana. Además de remarcar la caída de Ícaro en el primer verso, lo cual apenas se ve en el lienzo, la escritora añade al paisaje cubano de Alamar la presencia multicolor de un arcoíris, el cual no aparece en la obra de Brueghel el Viejo:

> Ver la caída de Ícaro desde la bahía de
> azules y verdes de Alamar. [...]
> Árboles frutales alrededor de las aguas
> y un hombrecillo, solo, arando sobre ellas
> hasta incorporarse al arcoíris. (2010: 29)

El hombre del cuadro, que en un principio está solo y aparece vestido de rojo[78] en el lienzo, se incorpora progresivamente al arcoíris. El símbolo del arcoíris se puede interpretar de muchas maneras y es usado igualmente por Georgina Herrera en su poesía, así como por las *womanistas* estadounidenses. Lejos del espíritu bélico de los poemas

---

[76] Publicado originalmente en *Paisaje célebre* (1993), dando título al libro.
[77] Linda S. Howe interpreta este poema como la contemplación de un proceso desmoralizador en torno a los eslóganes artificiales de un sacrificio y heroísmo utópico (2004: 118).
[78] Color asociado con el comunismo.

anteriores, parece proponerse un paisaje político multipartidista, pacífico, multiétnico y de diversidad genérica[79].

El discurso *womanista* se percibe aquí cuando la voz poética, como mujer negra, quiere formar parte de este nuevo paisaje multicolor y busca la manera de poder volar, como ya lo hizo el mítico personaje: «Es el atardecer y necesito las alas de Ícaro» (2010: 29). Con estas alas simbólicas se pide el derecho a participar cultural y políticamente en su sociedad. Desde el lejano Alamar y ante la escasez de transporte, la poeta no aceptaba ser excluida del mundo cultural que se desarrollaba en el centro de La Habana. Según la autora, «ese poema reivindica el derecho de locomoción. Es una denuncia ante la necesidad de comunicación por haberme sentido aislada. Ese poema es un grito» (citado en Zapata-Calle 2012). Hay que tener en cuenta que la poeta vivía en estos años en lo que Gabriel A. Abudu considera un «exilio interior»[80] por dos razones. En primer lugar, por no poder participar de la vida cultural como a ella le hubiera gustado por la escasez de transporte y, por otra parte, por verse sumergida en un paisaje europeo, como el presentado en el lienzo, al ser invadida la isla por extranjeros occidentales con la promoción del turismo en los años noventa.

La idea de decadencia y muerte de un mundo lleno de esperanzas se repite en «Restos del Coral Island» (2010: 30), también incluido en el libro *Paisaje célebre* (1993). La anécdota que da origen a este poema parte de una conversación de la autora con su padre:

> En 1986 me había acabado de mudar a Alamar y me voy con mi padre a mi apartamento para que me ayudara a pintar unas puertas. Íbamos en una

---

[79] Esta imagen del arcoíris fue utilizada también en Sudáfrica con el concepto de «nación arcoíris» propuesto en Sudáfrica por el arzobispo Desmond Tutu y Nelson Mandela.

[80] Gabriel A. Abudu propone este término al explicar el poema «Imitación de Juana Borrero», publicado originalmente en *Paisaje Celebre* (1993), en el que se refleja cómo se siente la autora al verse desplazada por los turistas que ocupan los restaurantes a los que ni ella ni la inmensa mayoría de los cubanos tienen acceso (*cf.* 2005: 1021-1022).

guagua y, saliendo del túnel, digo: «Papi, ¿y ese barco?» Se veían restos de un barco. Me dice que ese barco se llamó el *Coral Island* y me explica que es del tiempo en que era marinero. Meses después, en 1987, mi padre muere. (Citado en Cordones-Cook 2011: 324)

La imagen del barco se ha concebido como la idea de una nación desde distintos acercamientos filosóficos[81]. Cordones Cook ve el barco como metáfora de la isla y de la nación cubana en el poema «Mundos»[82]. En él, la voz poética está aún instalada en ese espacio flotante que ama profundamente (2009: 100). Sin embargo, en «Los restos del Coral Island» aparece la idea de decadencia del barco-nación. Es entonces cuando su atracción por este barco-nación y su proyecto desaparece:

> Una loca pasión bien muerta,
> fenecida,
> de la que ni siquiera se desprende ya
> una columna de luz blanca
> ni el portento a la vista que se llamó,
> alguna vez, el Coral Island. (2010: 30-31)

La voz poética no se sitúa sobre un gran barco, sino en las estrecheces del interior de un autobús urbano a las afueras de La Habana y bajo el sol abrasador del julio de 1986. Tras pasar el puente, subida en este autobús, ve alejarse con nostalgia y a gran velocidad ese barco que, como la ciudad de La Habana, contuvo todas las esperanzas de su padre. Lo ve convertido en un amasijo de chatarra.

---

[81] Ineke Phaf-Rheinberger conecta la idea del barco con la poesía de Nancy Morejón y recurre a la concepción de microcosmos político y cultural que aparece en *The Black Atlantic* de Paul Gilroy, o en *Routes and Roots* de Elizabeth DeLoughrey (2011: 502).

[82] Publicado originalmente en *Piedra pulida* (1986).

Denuncia final en *Persona*

Gerardo Fulleda León escoge para su antología *Persona* unos poemas morejonianos que reflejan el arduo camino recorrido por la mujer negra para hacerse con un espacio en su mundo cultural y social. En este sentido, en la poesía de Morejón se presentan, en primer lugar, las barreras que la escritora negra ha encontrado para que sus conocimientos hayan sido tomados en cuenta. Como explica la feminista Kristin Waters, uno de los temas centrales del feminismo ha sido criticar el hecho de que el conocimiento haya sido autorizado solo desde ciertos espacios, tales como las universidades que han sido históricamente masculinas, los gobiernos, o las instituciones de investigación regidas por hombres, mientras que se ha silenciado el discurso femenino al borrar los logros e ideas de las mujeres (*cf.* 2007: 386-387). A pesar de estas férreas barreras impuestas sobre la mujer escritora, Nancy Morejón ha conseguido entrar en el canon literario cubano y también en el universal, superando la añadida barrera de la raza. Martínez Furé explica que la riqueza de sus textos radica en que Morejón ha expresado una cosmovisión de la afrocubanía sin autoexotismo y, con ello, «ha logrado violentar las puertas de esos arcanos tan selectivos de la literatura escrita en nuestros países de Latinoamérica» (citado en *Nancy Morejón: Paisajes célebres* 2013). Un ejemplo de la invisibilidad que sufre la intelectualidad de la mujer negra dentro de la academia es el hecho de que la poesía de Nancy Morejón no se estudie aún en las universidades cubanas, a pesar de ocupar importantes cargos en el mundo cultural y de ser homenajeada más que ninguna otra escritora negra[83].

---

[83] Su obra comenzó a permearse en la universidad cubana gracias a eventos como el organizado por la Cátedra del Caribe y la Oficina del Rector en la Universidad de la Habana, celebrado el 2 de diciembre de 2013, donde se oyeron ponencias sobre su obra y se mostró el documental *Nancy Morejón: Paisajes celebres*, de Juanamaría Cordones-Cook.

En su poesía, Nancy Morejón trata de dejar testimonio de las voces silenciadas de sus predecesoras y de sus contemporáneas en un intento de reivindicar la importancia de la educación y la creación artística como base para conseguir no solo la emancipación de la mujer negra, sino también la del pueblo negro en general. Hay que tener en cuenta que, dentro del feminismo, bien tenga este un enfoque occidental o afrocéntrico, lo personal se entiende como político, por lo que las experiencias personales le sirven a Morejón para crear su discurso colectivo en lo que aquí se propone como «poesía testimonial *womanista*», aunque la escritora recurre a las experiencias de muchas otras mujeres también: a las de las mujeres que la circundan o a las de aquellas que la han precedido. Destaca el hecho de que, en su discurso, además de presentar la simultaneidad de opresiones de raza y de género sobre el intelecto de la mujer negra, se añada el vector de la edad. Las figuras de la niña discriminada en el colegio, la de la joven negra prostituida, o la de la mujer opacada por los estereotipos están muy presentes en la obra de Morejón, como se ve en los últimos poemas de *Persona*. La escritora expone en sus versos cómo las dinámicas sociales que surgen durante el Periodo Especial dejan a las mujeres negras desprotegidas, expuestas y relegadas.

En «Cotorra que atraviesa Manrique» (32)[84], hay una reflexión sobre la forma de mirar a la mujer negra cubana en su sociedad. La calle Manrique se presenta de una manera pintoresca, como si fuera un boceto del pintor decimonónico español Víctor Patricio Landaluze y Uriarte[85]:

> Un vendedor de periódicos
> apenas puede pregonar,
> absorto ante el fulgor de la cotorra
> y la belleza natural de las negras.

---

[84] Publicado originalmente en *Paisaje célebre* (1993).

[85] Se hizo famoso en Cuba por sus bocetos costumbristas y por sus sátiras y caricaturas publicadas en el periódico *Don Junípero,* fundado por él mismo en La Habana, en 1862.

La calle Manrique es un boceto de Landaluze
y se detuvo el vendedor
como alguien que acaba de descubrir todo un zoológico. (2010: 32)

Con la alusión a Landaluze, la autora podría conectar la perspectiva del hombre europeo del hoy y del ayer. El hombre es el que mira y las mujeres son las observadas. Sin embargo, en el poema «Persona» (2010: 33)[86], estos papeles se intercambian. Para referirse a la experiencia de la mujer negra como observadora, bell hooks[87] propone el desarrollo de una mirada crítica –the oppositional gaze–. Según ella, esta forma de observar es necesaria no solo para no ser herida, evitando la identificación con espacios y personajes, sino también para interrogar las imágenes en cuanto a cuestiones de género, raza, contenido, forma y lenguaje. El placer en la observación se produciría tanto al deconstruir la mirada desde la cual el trabajo ha sido realizado como en la resistencia a las políticas expuestas de género y raza (hooks 2003: 213-214). Nancy Morejón parece coincidir con bell hooks en esta forma de mirar. La voz poética de «Persona» no puede verse reflejada en ninguna de las mujeres que aparecen como deportistas o prostitutas frente a ella, a través de una ventana que podría referirse metafóricamente a la televisión:

¿Acaso seré yo la mujer negra y alta
que corre y casi vuela
y alcanza records astronómicos...? [...]
¿O seré yo la «vagabunda del alba»,
que alquila taxis en la noche de los jaguares...? (2010: 33)

En 1996, la propia Nancy Morejón afirmó que había una evidente resurgencia del racismo en las imágenes emitidas por la televisión y que era imposible ver un personaje negro funcionando normalmente en la sociedad cubana contemporánea como consecuencia de la permanencia

---

[86] Publicado originalmente en *La Quinta de los Molinos* (2000a).
[87] Seudónimo escrito en minúsculas de Gloria Jean Watkins, escritora y activista social.

y emergencia de los estereotipos y de la conformidad con los mismos por parte de la sociedad cubana (*cf.* Pérez Sarduy 2000: 167)[88].

Morejón hace referencia también a las imágenes de la tradición literaria y de la cultura popular en la creación de comportamientos de género. Para ello recurre a la alusión de tres célebres poemas escritos por Nicolás Guillén. Juanamaría Cordones-Cook apunta la intertextualidad con «Secuestro de la mujer de Antonio» y «Quirino» (2009: 113). En el primer poema, una voz masculina quiere violar a la esposa de Antonio. En el segundo, la figura de la anciana madre tiene que mantener y atender a un hijo borracho y mujeriego. Estos dos usos de la mujer negra por parte del hombre negro, como objeto sexual y como servicio doméstico, se complementan con otro que Morejón incluye también en la imagen de «la vecinita de enfrente», haciendo referencia a otro de los poemas de Guillén, «¡Ay, señora, mi vecina!» (1990: 155). En él un gallo viudo quiere usar a una gallina vecina para consolarse.

Nancy Morejón expone el sexismo del hombre negro en «Persona», pero su discurso *womanista* va más allá en esta composición al denunciar explícitamente el uso comercial que se hace del cuerpo de la mujer negra, la cual es vista como «vagabunda del alba» (33). Al conversar sobre este poema, la escritora explica que, al reaparecer el turismo como una alternativa económica de Cuba tras la caída del Muro de Berlín en el año 89, una de sus consecuencias fue la emergencia de la prostitución y «éste es un poema que toca el tema de las jineteras. Aparezco yo y ellas» (citado en Zapata-Calle 2012). Así lo expresa líricamente:

> ¿Quiénes son éstas que se parecen tanto a mí
> no sólo por los colores de sus cuerpos
> sino por ese humo devastador
> que exhala nuestra piel de res marcada
> por un extraño fuego que no cesa?
> ¿Por qué soy yo? ¿Por qué son ellas? (2010: 34)

---

[88] Juanamaría Cordones-Cook alude a esta entrevista al analizar el poema «Persona» en torno al tema de los estereotipos (2009: 110-114).

En estos versos aparece la referencia de la mujer vista como una res marcada, similar a un animal expuesto para ser vendido públicamente, como se hacía con las esclavas en los embarcaderos del puerto. La diferencia es que si en el pasado el hombre blanco era el que compraba y vendía los cuerpos de los esclavos, en los años noventa es el hombre negro alienado quien, o bien comercia con el cuerpo de la mujer negra ofreciéndosela a los turistas, o bien es cómplice y beneficiario de dicha transacción sexual sin oponerse a ella.

Según Morejón, «Persona» es una antítesis del poema «Mujer negra» (citado en Zapata-Calle, 2012). Interpretar esta aseveración lleva a replantearse dos extremos. Si «Mujer negra» expone los logros conseguidos por el pueblo negro y cubano de los primeros años de la Revolución tras el 59, «Persona» denunciaría la pérdida de los mismos y la vuelta de la mujer no solo a la opresión sexista que había sufrido en la sociedad prerrevolucionaria de Guillén, sino también a una opresión racial simultánea y similar a la del tiempo colonial por la comercialización de su cuerpo. La imagen de la mujer negra como res marcada que aparece en «Persona» dista mucho de la que aparecía años atrás en «Mujer negra», donde el sujeto poético femenino lleno de esperanza tomaba las riendas de su vida como persona y de su nación como cubana.

La idea de la indefensión de la mujer afrocubana, tanto del pasado como del presente, reaparece en el poema «Premonición»[89] (2010: 36), en el que la voz poética ve morir a su madre en un hospital de ventanas rotas y aislado "en la punta de una colina antigua" (2010: 36). La muerte de la madre se ve como una realidad liberadora de una vida llena de pesares: «Mi madre huérfana echó a andar. / Se va mi madre huérfana. / Mi madre huérfana se ha ido» (2010: 36). Las causas del aislamiento y del estado de pobreza permanente aparecen en el poema que sigue, «La silla dorada» (2010: 37), que comienza con los siguientes versos:

---

[89] Publicado originalmente en *La Quinta de los Molinos* (2000a).

Soy una mujercita sin rostro
sentada en la punta de una roca,
hacia la parte interior de un paisaje
donde se encuentran un río y dos mares. [...]
No sé hablar ni tengo manos.
Un látigo inmemorial las fue cortando poco a poco. (2010: 37)

En este poema uno de los temas más importantes que aparecen es la interseccionalidad de opresiones, tanto de raza como de género, sufrida por las mujeres negras del pasado y del presente. Cada una de estas opresiones es vista como un mar inmenso, frente a un único río, que parece ser el tema racial bifurcado. Esto se puede deducir de las propias palabras de la poeta acerca de los estudios poscoloniales:

> Respeto extraordinariamente todo el discurso contemporáneo que se desprende de los estudios postcoloniales. Hijo legítimo del pensamiento anticolonial de Frantz Fanon que reveló a la humanidad la existencia de nuestro Tercer Mundo, es un discurso que debería afincarse en el estudio del fenómeno de la esclavitud. No porque la esclavitud como sistema económico exista aún, eso se sabe. Pero hay muchos enigmas, una cantidad de fenómenos, por lo menos sociales, que partieron de ese espantoso complejo que todavía está soterrado en nuestras conciencias [...]. El tema racial se bifurca en dos caminos complementarios: raza y sexo. (Citado en Cordones-Cook 2009: 199)

La voz poética de «La silla dorada» aparece sentada en una roca al principio del poema. No tiene ni rostro, ni voz, ni manos, sometida por un sistema patriarcal y racista que traspasa generaciones y cuyos hombres han heredado «el látigo inmemorial» de la esclavitud. Ella se siente anulada ante lo que le rodea: «Todo es inmenso como mi pelo de ciclón / y la bestialidad de mis abuelos» (37). Sentada en la roca, recuerda las muertes de sus abuelas Brígida y Ángela como consecuencia de los abusos de sus parejas. Nancy Morejón usa información autobiográfica en estos versos, pero la expande al resto de la comunidad afrocubana:

no había conocido a mis abuelas; no por azar sino porque había nacido en una familia que había sufrido el cáncer de la esclavitud, un sistema que acabó con la condición humana de los africanos trasplantados a este hemisferio occidental a la fuerza. Naturalmente, la mujer lo sufrió de una manera doble. (Citado en Cordones-Cook 2011: 320)

El hecho de que el entorno contemporáneo le rememore a la voz poética el maltrato de las abuelas es una forma de denunciar una situación que aún permanece en el paisaje de su sociedad, como un lastre heredado.

Para salir de este espacio de opresión, la propuesta de Morejón es la educación. La voz poética de «La silla dorada» anuncia, sin embargo, las dificultades de este camino. Por una parte, se apunta la discriminación racial del sistema, lo cual la escritora muestra al recordarse a sí misma de niña en el Colegio Academia Laplace donde, a pesar de ser la mejor alumna, se le impidió disfrutar de becas y viajes al extranjero:

> [...] gracias a la trampa de diversos tiñosos,
> interesados en probar la inconveniencia
> de que un pollito negro pudiera osar pisar París—
> nunca pudo dejar de ser,
> nunca dejó de ser aquel pollito negro [...]
> Me habían predestinado una escoba muy vieja y un
> sartén. [...]
> me dieron fuerte.
> A mí también me dieron con un palo[90]. (2010: 39)

---

[90] En este verso se hace referencia a la culebra del poema «Sensemayá» de Nicolás Guillén. Tanto Linda Howe (1995-96) como Juanamaría Cordones-Cook (2004) han considerado a la culebra como la representación del pueblo negro apaleado al comentar el poema «Hablando con una culebra» de Nancy Morejón, visto este como contestatario al de Guillén. Por su parte, Sandra Hernández ha interpretado la culebra del mismo poema de Morejón como el reflejo de la mujer negra en «La poesía de Nancy Morejón...» (2000).

A pesar de los obstáculos, la poeta insta a la mujer negra a defender y a aprovecharse del derecho a la educación implantado en 1959, lo cual queda implícito en la alusión al «viento de julio»[91] (2010: 39). Orgullosa de su trayectoria y de sus logros educativos, Morejón se pone a sí misma como ejemplo de superación a seguir. Así, al final del poema, la mujer negra educada aparece finalmente sentada en una silla con rostro y con una subjetividad propia: «Soy quien soy sobre una silla dorada» (2010: 39)[92].

La propuesta de la educación como forma de emancipación y la prioridad de mantener los derechos educativos conseguidos en el pasado se ven como necesidades por las que las generaciones más jóvenes deben luchar en un momento histórico en que la presencia de los negros en la universidad se ve drásticamente disminuida debido a que muchas familias carecen de las condiciones materiales básicas para que sus integrantes se dediquen al estudio. Niuva Ávila Vargas explica cómo se hacen evidentes las diferencias de ingresos entre unas familias y otras según el acceso a las divisas de la economía emergente del turismo o a las remesas enviadas por los familiares, lo que posibilita la variación de posibilidades educativas (*cf.* 2012: 207, 219). En este contexto social, una gran cantidad de mujeres negras provenientes de familias de escasos recursos comienzan a practicar el jineterismo, a partir del cual esperan recibir divisas y mejorar su estado social y, con suerte, salir del país. La expansión del jineterismo y del turismo sexual ha traído de nuevo la imagen de la mujer birracial (mulata) erotizada y ha supuesto un paso atrás en la lucha mantenida por la igualdad de la

---

[91] Parece referirse al *Movimiento 26 de Julio* que emerge en 1955, llevado a cabo por un grupo de cubanos entre los que destacaba Fidel Castro. El nombre del movimiento honra el día en el que en 1953 los rebeldes intentaron tomar el Cuartel Moncada ubicado en Santiago de Cuba y el Cuartel Carlos Manuel de Céspedes de Bayamo, fracasando en el intento.

[92] Hay que recordar que en 1986 Nancy Morejón había ganado el Premio de la Crítica por su libro *Piedra pulida* y que es en 2001, un año después de la publicación de *La Quinta de los Molinos*, cuando recibe el Premio Nacional de Literatura, otorgado por primera vez a una mujer negra en Cuba.

mujer negra en las tres primeras décadas revolucionarias. Nancy Morejón se fija en el hombre turista y lo compara con el amo del pasado, por usar el cuerpo de la mujer negra como entretenimiento sexual, sin tener en cuenta su persona. En «Vilma en junio»[93] (2010: 41) se habla de una joven que se enamoró de un extranjero en junio, por quien se hizo jinetera convirtiéndose en «perenne rosa», amando a muchos otros después. Al primer extranjero que la enamoró se le llama «bienamado», aunque se caracteriza por su silencio y por ser un «cielo derramado» que está bajo el cristal de otra rosa, refiriéndose quizás a su esposa en su lugar de residencia.

De igual manera, en el poema «Monólogo del marino montevideano que habla en alemán» (2010: 41), dedicado a Mario Benedetti y a su esposa Luz, la voz poética es «un marino, el marino de todos los orientales / que buscan la aventura del amor fugaz» (2010: 41). Nancy Morejón pretende dejar constancia de la realidad de muchos hombres, no solo turistas europeos y estadounidenses, sino también latinoamericanos, que usan a las mujeres cubanas como lo hacían los marineros del pasado, en busca de un placer pasajero. Sin embargo, en el caso de la voz poética, el «montevideano que habla en alemán», que no puede ser otro sino Benedetti, él no ha podido encontrar el amor fugaz. A pesar de haber sido un viajero constante y haber estado muchas veces en Cuba[94], siempre se mantuvo fiel a su esposa, como una excepción al resto: «He sido un marino que encontró el amor, / un amor fijo, fijo en mi Luz montevideana» (2010: 41). Este poema, escrito en 2006, parece ser un homenaje de Morejón al amor de ambos el año en el que muere la esposa de Benedetti, Luz López Alegre.

---

[93] Escrito en La Habana, 2007, según se indica al pie del poema. Las últimas composiciones del poemario estaban inéditas en el momento en el que el poemario *Persona* fue presentado por Gerardo Fulleda León para el Premio Rafael Alberti en 2007 y premiado por la Sociedad de Beneficencia de Naturales de Andalucía.

[94] Sobre la relación de Mario Benedetti con Cuba se puede leer el artículo «Mario Benedetti, compañero y amigo de Cuba», publicado por su centenario en la revista *Granma* («Mario Benedetti, compañero...» 2020).

El último poema es «Círculos de oro» (2010: 43), donde la voz poética se extraña del paisaje urbano de una ciudad en la que las calles están llenas de hombres forasteros blancos, "círculos de oro traídos de la alta mina" (2010: 43). Los extranjeros están caracterizados por el símbolo fálico del rifle, comparándolos con soldados que llevan «sus fusiles en ristre a punto de disparar» (2010: 43). Las víctimas son las jóvenes negras que, como aves matutinas, cantan despreocupadas sin saber que serán cazadas sin misericordia: «Disparan sobre el vuelo azul de las aves / los invasores impunes con sus cascos feroces / y sus fusiles hambrientos de sangre inocente» (2010: 43). En esta invasión, solo los soldados extranjeros van armados en una guerra desigual, ya que atacan a unas aves indefensas que no son defendidas por los suyos: «nadie las escucha a las aves tranquilas» (2010: 43). El sujeto poético, como un observador de la batalla, camina aturdido e impotente: «Andar y andar, y no comprender nada» (2010: 43). La poeta expone aquí la complicidad de la sociedad cubana con el turista sexual, así como la aceptación del abuso.

De hecho, en los últimos poemas de la colección de *Persona*, Morejón no deja de lado la complicidad y la contribución de muchos cubanos en el mantenimiento del jineterismo por los beneficios que genera dentro del sector turístico. Esta complicidad arruina toda la lucha y los adelantos que se habían conseguido en Cuba con respecto a la emancipación de la mujer negra cubana. Su denuncia se dirige a una sociedad que, en vez de ayudar a las personas más vulnerables, educándolas y protegiéndolas para que se conviertan en ciudadanas activas, productivas e íntegras, las deja expuestas a una gran desprotección, discriminación y violencia a manos de nacionales y extranjeros. Morejón no solo se rebela contra el fenómeno del jineterismo, sino que también alerta a su sociedad de los males éticos del mismo. De igual manera, intenta refutar las imágenes estereotipadas y aceptadas por la sociedad cubana que mantienen al colectivo de la mujer negra más sometido que a otros grupos y postula la necesidad de la desalineación del pueblo negro para evitar que se continúe viendo al extranjero blanco como superior con un espíritu de servidumbre y sumisión.

Capítulo 4
GEORGE FLOYD Y LA POESÍA TESTIMONIAL TRANSNACIONAL EN *MADRIGAL PARA UN PRÍNCIPE NEGRO*

Desde marzo de 2020, el coronavirus y la preparación de las nuevas elecciones presidenciales estadounidenses llevaron a la mayoría de la población de los Estados Unidos a quedarse en casa y a estar pendiente de las noticias. A finales de mayo, el miedo domina el comportamiento de la mayoría de la gente en una situación social de incertidumbre y ansiedad por causas relacionadas con la COVID-19. Es en este contexto en el que la audiencia televisiva nacional e internacional recibe el video de casi nueve minutos en el que se transmite la agonía y muerte del afroestadounidense George Floyd ocurrida el 25 de mayo en el barrio de Powderhorn, en la ciudad de Mineápolis del Estado de Minesota. Durante su agonía, su humilde petición de clemencia, con su icónica frase «*I can't breathe*», y la desesperada apelación a su madre en el instante anterior a su pérdida de conciencia. Sobre su cuello, la rodilla del policía Derek Chauvin presionando la tráquea de su víctima, a pesar de tenerlo totalmente inmovilizado y esposado. Este crimen, retransmitido en las redes sociales y en la televisión minuto a minuto, deja a una audiencia multirracial e internacional conmocionada ante una muerte brutal e injustificada.

Nancy Morejón reacciona ante este hecho de manera poética con doce composiciones y una dedicatoria al lector en *Madrigal para un príncipe negro* (2020). Este breve poemario de veinticuatro páginas está dedicado a George Floyd y a la reacción social que se originó inmediatamente después de su muerte[95]. El análisis de este texto muestra cómo Morejón deja constancia del suceso trágico a la vez que denuncia la opresión y el racismo sistemático en la cultura occidental. En sus composiciones poéticas, la escritora crea un discurso reivindicativo de justicia social que va más allá de las fronteras estadounidenses, a la vez que revisa y revitaliza el género testimonial en la sociedad globalizada del siglo XXI. Para analizar su mensaje, este capítulo se divide en distintas secciones que sirven para desmenuzar el discurso de Morejón. El análisis comienza con la conexión del poemario con el género testimonial y con la idea de la recuperación de la memoria histórica del pueblo negro estadounidense. Posteriormente, se analiza la figura de Floyd en cuanto a su relación con la mitología grecolatina y yoruba, mientras que la de Derek Chauvin queda vinculada al fracaso de la «civilización» como idea traída por los colonos europeos a América. Y en todo el análisis, Nancy Morejón conecta la realidad social y racial de los Estados Unidos con la opresión sufrida por las personas racializadas tanto en los Estados Unidos como en otras naciones latinoamericanas y europeas. Todo ello para presentar su compromiso social mediante lo que aquí se considera como «poesía testimonial transnacional».

El testimonio es un género muy recurrente en la posmodernidad del último tercio del siglo XX porque constituye la expresión artística de las minorías, ofreciendo una visión fragmentada, descentrada y no oficial de la realidad, además de un cuestionamiento de los hechos para dar voz a los desposeídos. El testimonio ha evolucionado

---

[95] Poemario presentado por Nancy Morejón el 20 de octubre de 2020 en la Casa de las Américas.

en el siglo XXI para recoger no solo lo local de las experiencias, sino lo compartido por una comunidad internacional que ha experimentado la globalización económica y cultural. En el caso del breve libro que nos ocupa, Nancy Morejón, como miembro del pueblo panafricano, nos ofrece una recreación de la realidad con elementos poéticos y subjetivos, pero que reflejan el racismo del que Floyd fue víctima, como un elemento cultural compartido en los países de tradición occidental.

George Floyd era un hombre de a pie con el que cualquier transeúnte afrodescendiente podría identificarse. Su injustificado asesinato fue grabado por la adolescente Darnella Frazier[96] y retrasmitido por las redes sociales y la televisión. Gracias a Frazier, una audiencia internacional fue testigo en cuestión de horas de las súplicas de Floyd y de una muerte injustificada que constituyó un atentado contra la humanidad de todos los afrodescendientes. La cámara de esta adolescente de diecisiete años deja un testimonio inequívoco de que el racismo sufrido dentro del sistema policial mata. El mundo entero juzgó y cuestionó entonces el abuso de poder de la policía y el racismo institucional, tanto en los Estados Unidos como en el resto del mundo occidental. George Floyd se convirtió en 2020 en referente transnacional para manifestaciones que tuvieron lugar internacionalmente, pidiendo justicia social y reformas policiales e institucionales en todo Occidente.

En la tradición del género testimonial narrativo, un informante cuenta su versión de los hechos mientras que un transcriptor la traslada al papel. En el caso del testimonio en verso de *Madrigal para un príncipe negro*, Morejón crea voces poéticas diversas: las hay que funcionan como informantes para el lector; otras son transcriptoras del propio George Floyd, que en algunas composiciones nos habla en primera persona; y en otras ocasiones, la voz poética entabla una conversación

---

[96] Darnella Frazier recibió una mención honorífica por el comité de los premios Pulitzer en junio de 2021. Ella fue quien filmó el video de la muerte de George Floyd que se hizo viral (Deliso 2021: web)

con el propio Floyd, que aparece en segunda persona. Un ejemplo del primer caso se encuentra en «Letal» (2020: 9), con el que comienza el poemario, en el que una informante, que podría ser Darnella Frazier o cualquiera de los testigos que ven el asesinato a través de su video, es espectador de la violencia policial. Se podría decir que se produce una identificación entre la persona que graba u observa y la voz poética que adopta su perspectiva, puesto que ambas tienen una finalidad común: la denuncia de un abuso de poder:

> El asesino, con su pupila sin fulgor,
> desde su jaula,
> está lanzando su gota de vinagre
> a un océano de miel.
> —¡*Pobre* diablo!—, dijeron las estrellas.
> La gota de vinagre
> es el dominio privado de Derek Chauvin. (2020: 9)

Por otra parte, la voz poética se dirige directamente a George Floyd en «*Somebody*» (2020: 21). Usando la paradoja de vivir tras la muerte, Floyd se convierte en poeta después de haber sido asesinado con una voz y una presencia que antes no tenía. Se podría decir que, después de muerto, Floyd va a hablar a través de una poeta que le va a servir como *médium* o como catalizador de su discurso de justicia social, como se ve en «*Somebody*»:

> Eras alguien sin voz
> Y te escuché cantar una canción desconocida.
> Eras alguien sin lengua
> y ya eres un poeta.
> En esta Tierra nadie había conocido tu nombre,
> ni tu historia.
> Ya puedes respirar. Ya tú respiras.
> Has entrado a la vida (2020: 21)

Es importante el hecho de que el epígrafe de «*Somebody*» sea un verso de «Riot» (1969) de Gwendolyn Brooks: «*Because the "Negroes" were coming down the Street»*[97] (Brooks 1994: web)[98]. Nancy Morejón recuerda en su composición a esta poeta que, como mujer, dio voz en su momento a las manifestaciones de afroamericanos que luchaban por sus derechos civiles en la década de los sesenta en los Estados Unidos y cuyo poema tiene a su vez un epígrafe de Martin Luther King: «*A riot is the language of the unheard*[99]» (Brook 1994: web). Conectado con el título del texto morejoniano, la escritora podría recordar también la referencia al documental «I Am Somebody» (1970), dirigido por la cineasta afroamericana Madeline Anderson. En él se recoge la acción organizativa y sindicalista de las mujeres negras que trabajaban en el sistema de salud de Charleston de Carolina del Sur. Ellas, como activistas laborales, organizaron huelgas y manifestaciones para reclamar la igualdad de condiciones en comparación con sus compañeros blancos en 1969. De esta manera, mediante la alusión al poema escrito por Gwendolyn Brooks y al documental de Madeline Anderson, Morejón no solo conecta en «*Somebody*» la reacción social creada por la muerte de George Floyd con el movimiento de los derechos civiles de los años sesenta en los Estados Unidos, sino que también enfatiza la importancia de las mujeres en la organización de manifestaciones para demandar justicia social y como portavoces del pueblo negro. Como poeta negra, Morejón se incluye ella misma en este círculo de mujeres comprometidas formando un frente común contra el racismo tanto a nivel local, como nacional e internacional. Se posiciona también como poeta portavoz en cuyos versos recoge el testimonio no solo de la muerte de Floyd, sino también del movimiento social internacional creado en su nombre, gracias al

---

[97] «Porque los negros estaban bajando por la calle».

[98] Gwendolyn Brooks y Nancy Morejón hacen referencia a su vez al poema «I am somebody» de William Holmes Borders, publicado el 20 de febrero de 1943 en el periódico *The Pittsburgh Courier*. El reverendo Jesse Jackson adaptó esta composición para recitarla y que saliera retransmitida por la televisión en 1963 (enlace visual tomado de *YouTube* en la bibliografía).

[99] «Una revuelta social es el lenguaje de los silenciados».

movimiento de *Black Lives Matter*[100] y sus variantes internacionales, además de otros movimientos aliados de todas las razas, como *Trans Lives Matter* o *Brown Lives Matter*.

George Floyd, en su papel de poeta, está también en «Blues para George Floyd». La voz poética se dirige al propio Floyd, que aparece en segunda persona, relatando cómo de su garganta salen «ríos» de palabras como versos:

> De tu garganta saltan ríos,
> inundando el fragor de la mañana,
> ríos desolados
> bajo una luna triste
> cuya luz se derrama sobre tu cuerpo,
> denunciando, sin tregua, al asesino
> con uniforme policial. (2020: 11)

La metáfora polisémica de los ríos emerge como la sucesión de palabras que, de día y de noche, «inundando el fragor de la mañana» y «bajo una luna triste», surgen de la garganta del Floyd poeta. Estos ríos de palabras se pueden interpretar también como los versos de las composiciones poéticas en «Como un nido» (2020: 13), donde el cuerpo de Floyd es el tema o contenido, mientras que la poesía es el nido, el lugar donde se acuna el tema y de donde surgen los versos: «El cuerpo de George Floyd es el cauce del río. / La poesía es su nido, / los pájaros sus dueños» (2020: 13). La imagen de los pájaros en «Como un nido» es pertinente porque se asocia con aquellos que son capaces de expandir los mensajes para pedir justicia social. Los pájaros son los poetas creadores, los artistas, los activistas y la gente comprometida contra el racismo en general que traen y llevan los mensajes viajando «hacia los montes, / hacia la mar azul, / hacia todos los ríos...» (2020: 13).

---

[100] Jason Silverstein escribe sobre la organización del movimiento de *Black Lives Matter* a nivel internacional en su artículo «The Global Impact of George Floyd: How Black Lives Matter Protests shaped Movements Around the World» (2021: web).

Además de «Como un nido» incluido en *Madrigal para un príncipe negro*, Morejón tiene una sección de poemas en su libro *Carbones silvestres* titulada «El pájaro en su nido, / la estación en mis ojos» (2005a: 55). En este título de dos versos, hay un paralelismo sintáctico que lleva a un paralelismo semántico al descifrar el silogismo: el pájaro es para el nido, como el «yo» –que aparece con una sinécdoque al aludir solo a los ojos de la persona– es para la estación. Es decir, el pájaro sale de su nido para volar, de igual manera que el sujeto poético sale de la estación para viajar. Con este paralelismo, los pájaros y las personas que viajan quedan equiparados. No en vano, Morejón asocia a las personas o a las voces poéticas con los pájaros en muchas de sus composiciones líricas. Por ejemplo, en «El tambor» (2003: 156), el «yo» poético se identifica con un pájaro en los versos «Mi cuerpo en el desastre / como un pájaro blando» (156). Otro poema, «Cotorra que atraviesa Manrique», comienza con la presencia de una cotorra que, como un transeúnte cualquiera o incluso como la propia Morejón caminando por su barrio natal, «va a desplazar su pico por la calle Manrique» (2003: 106). En «Polos» (2005a: 53), todas las personas y cosas pueden volar a excepción de quien haya sufrido «el dolor de haber podido conocer / la muerte de las ballenas» (2005a: 53). Otra de las composiciones del poemario *Carbones silvestres* está dedicada a la pintora Zayda del Río, cuyo título coincide con el nombre de la artista. En estos versos, se habla de las imágenes pintadas por ella como peces voladores, mujeres con alas e incluso se habla de un príncipe negro, concepto que se conecta con el título del poemario, *Madrigal para un príncipe negro*. Así se incluye en el poema «Zayda del Río»:

En el rumor de las arenas,
con mano fina y agua clara,
Zayda navega en su barcaza
cuando un príncipe negro
escolta el mar de los sargazos.
Un caballo con alas surca el cielo,
amarillo y mostaza,
como un oro fundido,

caballito de mar ahumándose
contra el verdor del papagayo
y esa mujer alada con sombrero de frutas. (2005a: 47)

Mujeres aladas, pájaros, y caballos que vuelan son motivos comunes en la obra pictórica de Zayda del Río. Sorprende que haya entre ellos un príncipe negro. Una asociación posible es que este príncipe se corresponda con la imagen de Barack Obama aparecida en 2016 en un cuadro pintado por la artista con motivo de la visita a la isla del entonces presidente estadounidense[101]. En ese caso, Morejón estaría relacionando a Floyd en su poemario de 2020 con Obama, considerados ambos como dos príncipes negros estadounidenses. En los dos casos, son dos creadoras de arte –una de arte pictórico y otra de arte poético– quienes mediante el verbo y la imagen dan voz y visibilidad a estos príncipes negros. George Floyd consigue volar y hablar en primera persona ofreciendo su testimonio *postmortem* a través de los versos escritos por Morejón en «Entre los sauces»:

Yo era un cadáver seco
cuando Derek Chauvin me lanzó al río[102].
Sea sueño o realidad, lo único que sé es
que me lanzaron al río.
Las aguas de ese río
hierven entre mis venas
y me hacen fuerte,
como todas las aguas de los ríos. (2020: 14)

---

[101] Este cuadro fue ofrecido el 23 de marzo de 2016 como un regalo en Twitter a @POTUS. La obra se puede encontrar en *@ArtOnCuba*. https://twitter.com/ArtOnCuba/status/712715813812350976

[102] Haber sido lanzado al río tiene el sentido de haber sido linchado o asesinado previamente, como práctica registrada en el sur de los Estados Unidos. Por ejemplo, muchos de los cadáveres de la masacre de Tulsa de 1921 fueron lanzados al río como así se explica en el artículo «Cien años después de la Masacre Racial de Tulsa, las reparaciones a los sobrevivientes y sus descendientes aún están pendientes» de Amy Goodman y Denis Moynihan (2021: web).

Lo que encontramos aquí es un «yo» fluido en un posible espacio onírico que no representa la verdad literal de lo que le pasó a Floyd en Minesota, pero sí la realidad colectiva de muchos que se encuentran en una situación de opresión racial. En este caso, Derek Chauvin es el representante de todos los opresores, quienes, como los sauces, tienen una posición sólida, estática y privilegiada como miembro del cuerpo policial. Por el contrario, el «yo» de la voz poética que está «entre los sauces» es comparable a la serpiente de agua que aparece en el poema «Mississippi» de Nancy Morejón (2005a: 59), animal que se conecta a su vez con la culebra del poema «Sensemayá» de Nicolas Guillén mediante la dedicación que Morejón le hace en «Mississippi». En este poema morejoniano hay una culebra de agua que se mueve entre los sauces. Al principio se mueve de manera plana arrastrándose entre ellos, pero después va levantando su cabeza, va creciendo y al final del poema se sitúa junto a los sauces, a su mismo nivel:

> La serpiente de agua crece y avanza
> y va abriendo sus fauces
> impenitentes, pálidas, voraces,
> sus anillos dorados, su vaivén implacable.
> La serpiente de agua
> junto a los sauces
> la serpiente de agua. (2020: 59)

Esta progresión de la serpiente parece reflejar el proceso para hacerse un lugar en el canon literario de la propia Morejón, que de moverse entre los más reconocidos literatos se fue convirtiendo en uno de ellos, enfrentando en el camino el racismo y el sexismo de los campos académico y literario. Se podría decir que George Floyd es lanzado al río en «Entre los sauces» y, al igual que la serpiente de agua, sobrevive, crece, se hace fuerte, se convierte en mito y se establece junto a los sauces: «Las aguas de ese río / hierven entre mis venas / y me hacen fuerte» (2020: 14). Al usar la misma metáfora de la serpiente para la situación de Nancy Morejón y de George Floyd, se produce una identificación o conexión de nuevo entre los dos. Esta conexión entre Floyd y la poeta se ve también en la introducción de *Madrigal para un príncipe negro*, que Morejón le dedica al lector, donde le explica la conmoción que sintió por una muerte que parece afectarle muy de cerca: «Escribí estos poemas en un rapto de dolor y desesperación al conocer en La Habana la noticia de la muerte de George Floyd, ocurrida un 25 de mayo, en Minneapolis, a manos de un agente de la policía local» (2020: 7). Esta reacción muestra unas alianzas culturales y una solidaridad que hacen que Morejón sienta a Floyd como parte cercana de su comunidad, siendo la experiencia de Floyd entendida como experiencia colectiva de esta comunidad. La separación entre el papel del mediador o transcriptor y de la persona que ha sufrido la experiencia se desdibuja. Ambos están intrínsecamente conectados al presentarse como parte de la misma comunidad transcultural con sujetos poéticos fluidos que a veces se unen, otras se separan y otras se convierten en un «nosotros» colectivo. Morejón expresa una solidaridad que no está basada en una experiencia común, porque ella no es ni estadounidense ni hombre, sino en un compromiso contra la opresión racial. En esto coincide con Donna M. Bickford, quien explica cómo los sujetos fluidos permiten un discurso de solidaridad en la novela testimonial. Para ella:

> Las estrategias de compromiso que no ponen énfasis en universalizar u homogeneizar experiencias son necesarias aquí. Las novelas testimoniales pueden ayudarnos a reconocer las cosas generales que tenemos en común tanto como las experiencias culturales específicas, así como su interrelación e interdependencia. Esto puede resultar en una llamada a la solidaridad que no está supeditada o vinculada a una experiencia compartida, sino basada en una resistencia y un compromiso comunes por la justicia social[103]. (2008: 138)

---

[103] «Strategies of engagement that do not unduly universalize or homogenize experiences are necessary here. Testimonial novels can help us recognize commonalities as well as culturally specific experiences, and their interrelationship and interdependence. This can result in a call to solidarity that is not

Donna M. Bickford afirma también que la novela testimonial se resiste a la categorización y a la clasificación porque es un género híbrido en su mezcla de ficción y realidad (*cf.* 2008: 133). En el caso de *Madrigal para un príncipe negro*, sus composiciones están basadas en un evento real verificable, como lo fue la muerte de George Floyd, pero las voces poéticas se conectan con otras víctimas del racismo o de diversas opresiones sociales y policiales en otros espacios y tiempos. De esta manera, y como se verá en las próximas secciones, los gitanos, como grupo racializado en España, los afrocubanos, como grupo racializado en Cuba, y los afroestadounidenses en los Estados Unidos formarán parte de una misma comunidad transnacional en la poesía testimonial de Morejón. Los miembros de esta comunidad comparten en los versos morejonianos el hecho de ser parte de grupos racializados en sus países respectivos, víctimas del racismo sistemático y de la violencia policial, con un discurso su resistencia y un compromiso a favor de la justicia social.

La violencia sufrida por los grupos racializados en sus naciones respectivas es debida, como explica Juliet Hooker en *Race and the Politics of Solidarity* (2009), a que en los países occidentales se ha practicado a lo largo de la historia una solidaridad racializada y no una solidaridad política en cuyo Estado todos los miembros de una nación son equiparables en cuanto a su pertenencia, independientemente de sus diferencias raciales y culturales. Según Hooker, la solidaridad política es necesaria para conseguir la justicia racial. Para ella, en sociedades racializadas, los miembros de los grupos dominantes se resisten a ver y a tratar a otros miembros que no son blancos como a sus iguales a nivel social y político (*cf.* 2009: 87). Nancy Morejón, por su parte, va a optar por hacer un llamamiento a una solidaridad transnacional entre miembros de distintos países con reclamaciones políticas similares. Además, como parte de su resistencia al racismo, y superación de este, en su poesía se van a explorar recursos de sanación colectiva mediante una espiritualidad de origen africano, en

---

reliant on bonding through shared experience, but instead is based in shared resistance and a shared commitment to social justice» (Bickford 2008: 138).

cuyo espacio George Floyd se transforma en un príncipe negro. Por tanto, la idea de verosimilitud y de especificidad local del testimonio tradicional se pierde en la poesía testimonial de Morejón a favor de un discurso polifónico, transnacional y espiritual en contra del racismo sistemático de raíz occidental.

El racismo estadounidense y su memoria histórica

El asesinato de George Floyd no ha sido, por desgracia, ni el primero ni el último a manos de policías estadounidenses. Justo antes de la muerte de Floyd se habían perdido otras vidas de personas inocentes cuyas muertes fueron reportadas también por televisión, como las de Jacob Blake, Breonna Taylor y Ahmaud Arbery. Pero el hecho de que la audiencia pudiera ver en detalle, minuto a minuto, la muerte de George Floyd en la televisión o en las redes sociales fue la gota que colmó el vaso para que, a pesar de la COVID-19, la gente se movilizara en las calles, reclamando justicia contra la violencia policial y contra la supremacía blanca. Bajo el movimiento de *Black Lives Matter*, se pedía una reforma de la institución policial y judicial ante el racismo sistemático y sin tregua ejercido desde la esclavitud de manera legal.

Nancy Morejón deja claro en *Madrigal para un príncipe negro* que el asesinato de George Floyd no fue un caso aislado de violencia desligada de la historia de su país, sino que fue consecuencia directa de una cultura racista y violenta arraigada en los Estados Unidos contra los grupos racializados. De esta manera, el uso de una memoria histórica que recuerda abusos y asesinatos pasados le sirve a Morejón para reclamar justicia en el presente. Como explica Juliet Hooker, la memoria colectiva de las políticas nacionales es el lugar desde el cual se contrarresta el significado de la justicia en los gobiernos contemporáneos, liberales y democráticos (*cf.* 2009: 107). En esta búsqueda de justicia, Morejón va a responder al asesinato de Floyd ligándolo al racismo legal y transgeneracional que han sufrido los afroestadounidenses desde la esclavitud.

En la composición «Sueño del verdugo» (2020: 10), el pasado y el presente se confunden para incorporar la memoria histórica colectiva del pueblo estadounidense. En el verso: «Dereck Chauvin, abuelo de Jim Crow» (2020: 10), queda clara la alusión al racismo sistemático heredado no solo por la legalidad de la esclavitud del tiempo del «abuelo de Jim Crow» (2020: 10), sino también por las leyes segregacionistas conocidas como «las leyes de Jim Crow». Estas fueron implementadas por el Gobierno estadounidense hasta los años sesenta del siglo XX y sucedidas por las posteriores prácticas policiales discriminatorias y los prejuicios raciales heredados de las últimas décadas. En el mismo verso hay un anacronismo temporal que llama la atención: Derek Chauvin habría vivido durante la esclavitud, como abuelo de Jim Crow. De esta manera, la esclavitud, las leyes segregacionistas posteriores y la aceptación del racismo en el sistema policial y judicial actual quedan conectados atemporalmente, lo que apoya la teoría de un racismo institucional heredado. Morejón nos da la clave en el título del poema «Sueño del verdugo», puesto que un verdugo, por definición, es el encargado de matar legalmente. De esta manera, Derek Chauvin es ese verdugo legal. La diferencia es que no es imparcial, sino que sueña con matar a su presa y disfruta con su muerte como una fiera que devora lentamente a su víctima:

> Después de asarlas,
> el verdugo soñó con devorar las piernas
> y los pequeños pies de su adorable presa.
> Cuando ya iba degustando las sienes,
> el pelo negro, como ciruelas pasas, [...]
> todo resultó ser su mejor postre en mucho tiempo. (2020: 10)

En muchos de los poemas de *Madrigal para un príncipe negro* hay anacronismos temporales porque las voces poéticas están recordando traumas causados por eventos históricos registrados en el subconsciente colectivo. El pasado vuelve al presente, como un *continuum*, cuando hay algún detonante que lo activa, como una injusticia. En este punto resulta pertinente aclarar las diferencias entre los términos «historia» y «memoria histórica» para vislumbrar cómo la memoria de unos hechos históricos se incluye en la poesía testimonial transnacional. Pierre Nora define ambos términos de la siguiente manera:

> Memoria e historia, lejos de ser conceptos sinónimos, parece que ahora están en una oposición fundamental. La memoria es la vida, transmitida por sociedades en progreso [...]. Se mantiene en permanente evolución, abierta a la dialéctica de recordar y olvidar, inconsciente de sus sucesivas deformaciones [...]. La Historia, por otra parte, es la reconstrucción de los hechos, siempre problemática e incompleta. La memoria es [...] el eterno presente; la Historia es la representación del pasado[104]. (1989: 8)

Nuestra poeta no hace solo historia en su poesía testimonial, sino que, usando esa historia como fondo, trata de recuperar la memoria histórica contada por los miembros de una comunidad que revive sucesos pasados, generación tras generación, donde los hechos son tan reales como los sentimientos de miedo, odio, amor, venganza y perdón en torno a un conflicto tan trágico como la esclavitud y la opresión racial y sus consecuencias.

En toda memoria histórica, las circunstancias de lo que se cuenta llegan alteradas, pero no la injusticia cometida. Un ejemplo claro de esto se encuentra en «Entre los sauces», donde la voz poética no sabe si lo que cuenta fue «sueño o realidad» (14), pero asegura que, de cualquier manera, lo mataron:

> Yo era un cadáver seco
> cuando Derek Chauvin me lanzó al río.
> Sea sueño o realidad, lo único que sé es

---

[104] «Memory and history, far from being synonymous, appear now to be in fundamental opposition. Memory is life, borne by living societies [...]. It remains in permanent evolution, open to the dialectic of remembering and forgetting, unconscious of its successive deformations [...]. History, on the other hand, is the reconstruction, always problematic and incomplete. Memory is [...] an eternal present; history is a representation of the past» (Nora 1989: 8).

que me lanzaron al río [...]
Los cruceros vomitan cien torrentes de humo negro y pesado.
La vieja rueda de un galeón se va meciendo entre mis venas. (2020: 14)

En estos versos parece haber un paralelismo entre las injusticias del pasado y las del presente. En el pasado, los esclavos eran lanzados al río desde un galeón por el comerciante. En el presente, el comercio con los barcos ha cambiado, ahora hay cruceros, pero se sigue matando a personas negras. La sucesión de asesinatos hace que el pasado se mantenga vivo en el presente. Si bien es verdad que la voz poética se sentía muerta en vida en el pasado, por el miedo y la opresión, lo que queda implícito en el uso del pretérito y el imperfecto de los primeros versos, después de la muerte de Floyd, la búsqueda de justicia hace que la voz poética cobre vida: «Las aguas de ese río / hierven entre mis venas / y me hacen fuerte» (2020: 14). La paradoja de un pueblo que recobra la vida después de la muerte física de Floyd aparece en medios de comunicación como el periódico *El País*, en el que el 21 de octubre de 2020 Pablo Guimón publica un artículo titulado «El voto negro: George Floyd respira en el nuevo sur de Estados Unidos» (2020: web). Guimón escribe sobre cómo las personas afroestadounidenses salieron a votar en masa con la esperanza de reformas institucionales que crearan un «nuevo sur» tras las manifestaciones sociales del movimiento de *Black Lives Matter*.

Anteriormente, otro evento que había quedado grabado en la memoria histórica del pueblo afroestadounidense fue el asesinato del adolescente Emmett Till en 1955, a quien Morejón le dedica su composición poética «Balada a Emmett Till» (17). En sus versos, al igual que las víctimas mortales del poema «Entre los sauces» (14), el adolescente fue lanzado al río y «levita entre las aguas» (17), o entre las venas del pueblo negro, refiriéndose a la memoria colectiva. Till fue mutilado, desfigurado y lanzado a las aguas del Tallahatchie, en Misisipi. George Floyd se conecta con todos los casos anteriores de muertes injustas por racismo en este texto, constituyéndose como el representante de todos: «George de las aguas, los puentes y el asfalto» (17). A él llega la memoria histórica de las otras víctimas para pedir justicia. La voz poética apela a Floyd para que escuche a Emmett Till:

George de las aguas, los puentes y el asfalto,
¿escuchas?
¿Estarás escuchando
la eterna balada de Emmett Till? (2020: 17)

El asesinato de Emmett Till se ha comparado con el de Floyd porque, entre otras cosas, en ambos casos se ha visto el poder de los medios de comunicación de masas. En el caso de Emmett Till, la revista de temas afroamericanos *Jet* publicó una foto del cuerpo mutilado y desfigurado del adolescente que pronto llegó a toda la sociedad estadounidense, agravándose por el hecho de la impunidad de los agresores[105], lo que desencadenó otras protestas sociales. En cuanto a George Floyd, gracias a internet, el vídeo de su muerte llegó a todos los rincones del mundo con acceso a las redes, realidad que consiguió movilizar no solo a nacionales, inspirados por el movimiento de *Black Lives Matter*, sino también a multitudes internacionales en todo el hemisferio occidental. La polisémica metáfora del agua y de los ríos aparece en el poema «Como un nido» para expresar la expansión de las movilizaciones en nombre de Floyd:

El cuerpo de George Floyd es el cauce del río.
Su alma es el agua que fluye, en su fragancia,
hacia los montes,
hacia la mar azul,
hacia todos los ríos... (2020: 13)

Es pertinente explicar en este punto cómo el vídeo de la muerte de George Floyd llegó a Cuba y su recepción en la isla, puesto que la

---

[105] Los asesinos de Emmett Till fueron declarados inocentes en Misisipi en septiembre de 1955. Este y otros abusos desencadenaron el boicot de los autobuses en Montgomery, Alabama, en diciembre del mismo año. En el caso de Derek Chauvin, este fue sentenciado el 26 de junio de 2021 a veintidós años y medio de cárcel en Mineápolis por homicidio no premeditado en segundo grado.

poeta Nancy Morejón lo percibió desde allí. Según el rapero Osvaldo Navarro, en su crítica hacia el Gobierno cubano, inicialmente los medios de comunicación nacionales utilizaron la muerte de George Floyd como apoyo para la propaganda política en contra de los Estados Unidos. Se concentraron en explotar el problema del racismo estadounidense, mostrando la institución policial como ejemplo de este mal social («The Murder...» 2020: web). Pero, según observa el historiador Manuel Cuesta Morúa, la cobertura de las movilizaciones empezó a disminuir en Cuba para evitar la discusión sobre el racismo y la violencia policial en la isla, asunto que se estaba tratando alternativamente en las redes sociales («The Murder...» 2020: web). Hay que recordar que el uso de internet se mantiene todavía muy limitado y controlado en Cuba, y que la discusión sobre el racismo y la discriminación está vetada desde principios de los años sesenta por ir en contra del discurso revolucionario. En este sentido, el hecho de que Morejón escriba sobre este asunto puede interpretarse desde varias perspectivas, bien sea a favor del discurso gubernamental, o bien desde la postura de lo observado por los disidentes. Lo cierto es que el título del poemario, *Madrigal para un príncipe negro*, deja abierta la interpretación porque, entre otras definiciones, un madrigal es una composición poética musical para varias voces, lo que flexibiliza los márgenes interpretativos y el espacio para la polisemia[106].

---

[106] No sería exagerado decir que las protestas multitudinarias que surgieron internacionalmente a partir del caso de Floyd podrían haber influenciado las manifestaciones que estallaron en Cuba a partir del 11 de julio de 2021 en contra del Gobierno cubano. Estas fueron llevadas a cabo por una nueva generación de cubanos con acceso generalizado a internet mucho más crítica y con menos miedo de enfrentarse a su Gobierno. Cabe aclarar, sin embargo, que Nancy Morejón, así como otros artistas cubanos, hicieron un comunicado en el programa televisivo *La razón de mi voz* en contra del estallido social de los días 11 y 12 de julio en la isla de Cuba, en defensa de la actuación del Gobierno (*cf.* Morejón 2021: web). Estas declaraciones generan un discurso que podría considerarse contradictorio con respecto a las ideas expresadas en el poemario, donde las manifestaciones a nivel internacional parecen ser vistas como necesarias para promover cambios sociales.

La mitología occidental sincretizada

Tras conectar el poemario con el género testimonial, la memoria histórica del racismo estadounidense y la recepción en Cuba del asesinato de George Floyd, en esta sección, se analiza cómo la autora incluye en *Madrigal para un príncipe negro* la mitología grecolatina como un espacio mítico y cultural que comparte con todas las sociedades occidentales y que va a ser transformada con la presencia de la diáspora africana. La mitología grecolatina se ve especialmente en dos composiciones: «Danza del viento» (2020:15) y «Orfeo negro» (2020:16). En la primera, se podría extrapolar una referencia a Ícaro[107] cuando la voz poética explica que George Floyd «quiso volar muy alto» (2020: 15). En el mito, Ícaro es hijo de Dédalo y de una esclava llamada Náucrate. Ícaro está retenido junto a su padre en la isla de Creta por el rey Minos. Para escapar, el padre crea unas alas para él y para su hijo y le hace una advertencia: con estas alas no se podría volar ni demasiado alto ni demasiado bajo. Si se acercara al sol, la cera de las alas se derretiría, si se aproximara a la superficie del mar, la espuma le mojaría las alas. Ícaro comete el error de saltarse las normas de su padre y, en su intento de ascender demasiado, se acerca al sol y la cera de sus alas se derrite. Como consecuencia, cae al mar y muere. George Floyd, al igual que Ícaro, cometió un error: se saltó la ley al hacer circular billetes falsos, según la alegación sostenida[108]. Esto lo llevó a un final fatal injusto y desmesurado a manos del policía, Derek Chauvin, quien actúa como el sol todopoderoso y abrasador:

> George Floyd, tal vez,
> quiso volar muy alto,
> tan alto como un halcón

---

[107] Como aparece en el análisis previo del poemario *Persona* (2010) en la sección titulada «El Periodo Especial», Nancy Morejón también usa el mito de Ícaro en su poema «Paisaje célebre» (2010: 29).

[108] Se puede encontrar más información sobre el caso en el artículo «La tienda donde empezó todo trata de sobrevivir al "caso George Floyd"» (Mars 2020: web).

y en ese duro vuelo, no llegó a sus oídos,
el dulce canto del ruiseñor
pero George Floyd albergó, solo, en su pecho,
el orgullo de los leones. (2020: 15)

En el tercer verso se asocia a George Floyd con un halcón, el rey de las aves, y en el último aparece como un león, el rey de la selva, derrotado pero orgulloso. Esta animalización de George Floyd tiene correlación con la animalización que la poeta hace de Derek Chauvin en «Sueño del verdugo» (2020: 10). La comparación con el mundo mitológico y animal salvaje presenta a la sociedad como un espacio peligroso y lleno de amenazas ineludibles.

Otro mito grecolatino que aparece en el poemario es el de Orfeo en el poema «Orfeo negro». En el mito original, Orfeo es un poeta y músico divino a quienes todos siguen hipnotizados al escucharlo. Es también capaz de bajar al mundo de los muertos para recuperar a su amada y volver al mundo de los vivos después. Esto podría relacionarse con el fenómeno de George Floyd porque la gente se movilizó siguiendo su imagen y consiguió que todos lo escucharan y lo tuvieran en cuenta después de haber estado en el mundo de los muertos. Nancy Morejón conecta la realidad de los Estados Unidos con la realidad latinoamericana al usar el mismo título de la película *Orfeo negro* (1959), del director francés Marcel Camus, inspirada en la tragedia *Orfeu da Conceição* (1956), del compositor brasileño Vinícius de Morães. En estas obras, las calles de Brasil, durante el carnaval de Río de Janeiro, se llenan de personas de raza negra, de su música y de sus tradiciones culturales afrodescendientes y religiosas, adaptando el mito original. En el caso de Floyd, las calles de muchas ciudades a nivel nacional e internacional se llenaron de afrodescendientes y de sus tradiciones reclamando justicia en su nombre.

Por otra parte, Morejón incluye en «Orfeo Negro» un juego de oposición entre la imagen de «Orfeo negro dormido» y «Orfeo negro despierto» (2020: 16). Ninguno de los Orfeos negros está muerto en el espacio mítico. El que duerme está simplemente descansando para después guiar a una voz poética que lo venera y espera de él que la conduzca hacia la libertad:

> Orfeo negro dormido,
> beso tus gruesos labios,
> escudo de las aguas del Nilo
> que alumbran el camino
> hacia la libertad. (2020: 16)

En el espacio de los humanos, el cuerpo de George Floyd sí ha muerto físicamente, pero se ha convertido en una brújula, un guía para su pueblo con un propósito de igualdad social:

> Tu muerte ha inventado una brújula
> incrustada en un mapa de jarcias
> ya conduciéndonos
> al esplendor de una igualdad segura. (2020: 16)

Los afrodescendientes han transformado Occidente culturalmente y lo han hecho suyo. En el poema, Floyd está en el espacio occidental como un Orfeo negro. Es una deidad multicultural de dos tradiciones culturales inseparables y sincretizadas: la africana y la occidental. La voz poética adora a ese dios plural y a su vaivén cultural. Su presencia le sirve de consuelo: «Orfeo negro despierto, / beso tus gruesos labios / y, allí, reposo en su vaivén» (2020: 16).

Civilización y barbarie

Nancy Morejón conecta las relaciones raciales estadounidenses con las latinoamericanas, en general, y con las caribeñas, en particular. Para ello, la poeta trae a colación en su poemario las ideas de «civilización y barbarie», las cuales formaron parte de los discursos nacionales creados para la fundación de los Estados latinoamericanos desde el siglo XIX. Pero Morejón, como hace el poeta y ensayista cubano Roberto Fernández Retamar, va a cuestionar el concepto de «barbarie» y con quién se asocia, así como el idealismo de la llamada «civilización» de origen occidental.

Roberto Fernández Retamar explica en su ensayo *Calibán* (1971) la evolución de la interpretación del personaje de Calibán desde que apareciera en *La tempestad* (1611) de William Shakespeare. En esta obra de teatro, el personaje del occidental Próspero tiene esclavizado y a su servicio a Calibán –anagrama de la palabra «caníbal» que, a su vez, es una deformación del término «carib» o nativo habitante del Caribe–. Según explica Fernández Retamar, la palabra «caníbal» fue creada por los europeos como una difamación de los habitantes de las islas del Caribe (*cf.* 1971: 13). Al caníbal se le describió en tiempos de la conquista europea como un ser feroz y antropófago, lo cual justificaba su exterminio (*cf.* 1971: 16). La colonización de Calibán se ve en *La tempestad* en el aprendizaje de la lengua de Próspero. Calibán aprende la lengua, pero la usa para maldecir a Próspero. Fernández Retamar identifica a Calibán con la realidad de Latinoamérica y su proceso de colonización (*cf.* 1971: 30). Por el contrario, Morejón ve al occidental racista de descendencia europea como un caníbal antropófago en *Madrigal para un príncipe negro*. En la introducción que le dedica al lector, y para encuadrar todo el poemario, la poeta describe el asesinato de George Floyd como un «acto de barbarie» (7), comparando la violencia policial del siglo XXI con la violencia del Ku Klux Klan del siglo XX. La referencia al canibalismo aparece también en el poema «Un príncipe negro para George Floyd» (2020: 20), en el que Derek Chauvin es descrito como un caníbal salvaje que asesina a su presa:

> Aunque su sueño era lanzarte al Mississippi[109],
> aquel caníbal de uniforme opaco
> ha quemado en silencio su rodilla
> sobre tu cuello inerte. (2020: 20)

En estos versos se conecta el racismo de antaño asociado al Misisipi, río por el que se comerciaba con esclavos legalmente y al que se lanzaban las personas negras que habían sido linchadas previamente,

---

[109] Nancy Morejón usa la nomemclarura inglesa para referirse a lugares de los Estados Unidos.

con el actual racismo dentro de la institución policial. Tanto el comerciante esclavista como el policía racista maltratan y matan, siendo
ambos identificados en este poema como caníbales deshumanizados.

El título de la composición «Un príncipe negro para George Floyd»
puede resultar confuso. ¿Quién es el príncipe? En la obra de Shakespeare, Próspero es el colonizador europeo que había sido un príncipe,
el duque legítimo de Milán, mientras que Calibán es el indígena colo-
nizado de una isla perdida, animalizado y despreciado. En la inversión
de papeles que propone Morejón en su poema, la misma voz poética
colectiva que llama caníbal a Derek Chauvin transforma la imagen de
George Floyd en un príncipe:

> Y tú alientas, indómito, sobre el asfalto húmedo,
> bajo la sombra quieta de un manzano
> en Minneapolis,
> donde colocaremos, para ti,
> este brillante, este limpio
> príncipe negro nuestro,
> a tu memoria. (2020: 20)

Si el apelativo de «caníbal» lo tiene el policía eurodescendiente en *Madrigal para un príncipe negro*, y se le llama «príncipe» a Floyd, se produce
aquí un cambio de poder. Mientras que en *La tempestad* el príncipe blanco
tiene el poder, Morejón se lo confiere al «príncipe negro» en su poemario.

La identificación de los estadounidenses blancos racistas con Calibán, o como caníbales, no es original de Morejón. Fernández Retamar
recoge en su ensayo a otros pensadores que lo han hecho anteriormente, motivados por el peligro que el creciente imperio suponía para
Latinoamérica en el siglo XIX y XX. Esta es la aproximación del fran-
co-argentino Paul Groussac, quien habla del «yanqui calibanesco» en
un discurso pronunciado en 1898 (citado en Fernández Retamar 1971:
22). En la literatura, los poetas modernistas también denunciaron esta
amenaza del poder imperial estadounidense, entre ellos destaca el ni-
caragüense Rubén Darío con su emblemático poema «A Roosevelt».
Como explica Jorge Eduardo Arellano,

Darío identificó a los Estados Unidos con Calibán (el imperio de la materia) y a la América Latina con Ariel (la idealidad). Por eso consideró a Edgar Allan Poe «un Ariel entre calibanes» en uno de los siete textos de su «Polilogía yanqui», difundidos en *La Habana Elegante* el 6 de agosto de 1893. (2017: 58-59)

Rubén Darío publica su ensayo «El triunfo de Calibán» (1898) el año en el que los Estados Unidos ganan la Guerra Hispanoamericana contra España en el Caribe. El texto comienza con una descripción animalizante de los estadounidenses blancos, a los que llama «calibanes», bastante exagerada por sus sentimientos negativos hacia los estadounidenses:

> No, no puedo, no quiero estar de parte de esos búfalos de dientes de plata. Son enemigos míos, son los aborrecedores de la sangre latina, son los Bárbaros. Así se estremece hoy todo noble corazón, así protesta todo digno hombre que algo conserve de la leche de la Loba.
> Y los he visto a esos *yankees*, en sus abrumadoras ciudades de hierro y piedra y las horas que entre ellos he vivido las he pasado con una vaga angustia. Parecíame sentir la opresión de una montaña, sentía respirar en un país de cíclopes, comedores de carne cruda, herreros bestiales, habitadores de casas de mastodontes. Colorados, pesados, groseros, van por sus calles empujándose y rozándose animalmente, a la caza del dólar. El ideal de esos calibanes está circunscrito a la bolsa y a la fábrica. (Darío y Jáuregui 1998: 451)

Además del trabajo ensayístico de Rubén Darío, su creación poética le ha otorgado el título de ruiseñor del Modernismo debido a la musicalidad de sus versos. Así lo llamó, por ejemplo, el célebre poeta español Antonio Machado en su poema «A la muerte de Rubén Darío»:

> Si era toda en tu verso la armonía del mundo,
> ¿dónde fuiste, Darío, la armonía a buscar?
> Jardinero de Hesperia, ruiseñor de los mares,
> corazón asombrado de la música astral. (2001: 255)

Nancy Morejón hace referencia a Rubén Darío en el poema «Danza del viento» (2020: 15) al presentarnos a un George Floyd que no ha escuchado «el dulce canto del ruiseñor» (2020: 15). Se refiere intertextualmente a la advertencia de Darío con respecto al canibalismo que Derek Chauvin ha heredado de generaciones anteriores:

George Floyd, tal vez,
quiso volar muy alto, [...]
Y en ese duro vuelo, no llegó a sus oídos,
el dulce canto del ruiseñor
pero George Floyd albergó, solo, en su pecho,
el orgullo de los leones. (2020: 15)

La falta de atención de George Floyd a la advertencia del mensaje del ruiseñor latinoamericano podría deberse a la separación y a falta de unidad entre los afroestadounidenses y los latinos en los Estados Unidos, a pesar de sufrir ambos grupos opresión racial y cultural. La ausencia de unión entre las etnias oprimidas hace que George Floyd se enfrente «solo» a su agresor, aunque con gran dignidad, con «el orgullo de los leones» (2020: 15). Nancy Morejón va a romper con el aislamiento étnico de Floyd mediante la alusión en «Danza del viento» a otro de los personajes de *La tempestad* de Shakespeare: Ariel. En la obra inglesa, Ariel es un espíritu etéreo, un semidiós o genio del aire con capacidades mágicas que ayuda a Próspero, aunque también está obligado a servirle, al igual que Calibán. Originalmente, Ariel significa 'león de dios' en hebreo y de Floyd se dice que alberga en su pecho «el orgullo de los leones». La identificación de George Floyd con los leones lo lleva a asociarse con Ariel y, por tanto, con el viento. En el poema titulado «Danza del viento» (2020: 15), Floyd, como Ariel, es capaz de crear una tempestad, que en este caso es una tempestad humana transnacional que pide justicia en su nombre.

George Floyd no sería el primer Ariel afrodescendiente en la literatura hispana. Por una parte, el ensayista uruguayo José Enrique Rodó publicó en 1900 su obra titulada *Ariel*, en la que la civilización norteamericana anglosajona se presenta como Calibán, mientras que Ariel encarna moral y culturalmente lo mejor de lo que Rodó consideraba el ideal de la civilización latinoamericana, aunque enraizada, para él, en la cultura grecorromana (Fernández Retamar 1971: 23-24). No obstante, la obra en la que aparece un Ariel afrodescendiente es la versión caribeña escrita por Aimé Césaire de *La tempestad* (1969), donde se le da un giro al imaginario eurocéntrico de Rodó. Césaire incluye tres personajes negros en su obra teatral: el dios mulato Ariel, que actúa al servicio del europeo Próspero, el esclavo rebelde Calibán, y el dios negro Eshu, que parece actuar en nombre de Calibán. El Ariel de Césaire es un dios que busca la unidad de razas y la creación de conciencia en Próspero sobre la opresión y el racismo sistemático del sistema occidental eurocéntrico. Sobre ello conversan los dos esclavos, Ariel y Calibán:

> Calibán: ¡Ah, bueno! ¡Déjame que me ría! ¡La conciencia de Próspero! Próspero es un viejo rufián que no tiene conciencia.
> Ariel: Justamente, hay que trabajar para darle una. Yo no lucho sólo por mi libertad, por nuestra libertad, sino también por Próspero, para que le nazca una conciencia. Ayúdame, Calibán. (Césaire 2011: 81)

Teniendo en cuenta esta aproximación del Ariel cesariano, la identificación que se produce entre Floyd y Ariel en el poema «Danza del viento» toma un sentido conciliador de razas. De hecho, en las manifestaciones de 2020 que se produjeron nacional e internacionalmente en nombre de George Floyd, participaron manifestantes de todas las razas que pedían concienciación con respecto al racismo sistemático y a las injusticias raciales de sus sociedades. Además, la intertextualidad con la obra de Césaire ayuda a Morejón a conectar la realidad de los afroestadounidenses con las dinámicas sociales y raciales de otras naciones, como las afrocaribeñas, así como otras naciones de tradición cultural occidental donde hay una presencia notable de la diáspora africana.

Por otra parte, el dios Eshu es un personaje original de Césaire que no aparece en la obra de Shakespeare. Lo original de este personaje es que, por su rebeldía, puede ser un dios bueno o malo, dependiendo de quién lo juzgue. De esta manera aparece descrito por Miranda, la hija de Próspero, en la tercera escena del tercer acto:

> Miranda: ¿Pero, quién es ése? ¡No tiene un aspecto particularmente benéfico! Si no tuviera miedo de blasfemar, diría que tiene más de diablo que de dios.
> Eshu (riendo): Usted no se equivoca, mi bella señorita. ¡Dios para los amigos, diablo para los enemigos! (Césaire 2016: 119, 121)

A Eshu se le ve como un dios afrodescendiente que no se sabe muy bien si es bueno o malo desde la perspectiva de una cristiana coloniza-dora. Morejón plasma esta indeterminación también con respecto a la figura de George Floyd en su composición «George Floyd defiende su horizonte» (2020: 19). La voz poética de estos versos defiende el dere-cho a la vida de Floyd, independientemente de su apariencia o de sus valores:

> Ángel o diablo, George Floyd
> tenía derecho a contemplar los astros
> buscando un horizonte
> prestado o alquilado, o como quieran. (2020: 19)

La evangelización de América impuso el sistema religioso cristiano como el único aceptable. Próspero y su hija Miranda, en la adaptación de *La tempestad* de Césaire, desprecian a los dioses afrodescendien-tes como si fueran diablos. Sin embargo, para la voz poética creada por Morejón, los afrodescendientes son los ángeles: «Hablan sobre los ángeles / las Sagradas Escrituras / cuando mientan al diablo, con des-velo» (2020: 19). El poema «George Floyd defiende su horizonte» acaba con una reafirmación del derecho de Floyd a la vida y a la búsqueda de un horizonte propio, «suyo y eterno» (2020: 19), independientemente de la percepción que se tenga de él, como ser benéfico o maléfico de acuerdo con el sistema de valores cristianos. Para el universo, sin em-bargo, no hay indeterminación a la hora de juzgar a Derek Chauvin, quien es claramente un diablo en «Letal»: «"¡Pobre diablo!", dijeron las estrellas. / La gota de vinagre / es el dominio privado de Derek Chauvin» (2020: 9). Derek Chauvin podría ser visto aquí como Estefatón, el soldado que le da vinagre a Jesucristo antes de morir, según las Escrituras. El odio, como la amargura del vinagre, contrasta con la dulzura de la miel. A George Floyd se le asocia con esta dulzura en asociación con la orisha yoruba del amor Oshún: «El océano de miel es el alma naciente de George Floyd» (2020: 9). Por tanto, la dicotomía de ángel o diablo se invierte en «Letal» desde la perspectiva de un sistema religioso afrocéntrico.

En cuanto a la idea de civilización, Derek Chauvin se podría comparar con el proyecto civilizador fracasado de Próspero al final de la obra de Césaire. En esta versión, un Próspero viejo aparece reducido en una gruta llena de animales salvajes:

> Próspero: Es raro, desde hace algún tiempo, fuimos invadidos por las zarigüeyas. Están por todos lados... Hay pécaris, cerdos salvajes, ¡toda esta sucia naturaleza! Pero sobre todo zarigüeyas... ¡Oh, esos ojos! Y en la cara, ¡ese rictus innoble! Uno juraría que la jungla quiere sitiar la gruta. Pero me voy a defender... No voy a dejar que muera mi obra... (Gritando.) ¡Voy a defender la civilización! (Dispara en todas direcciones.) Ahí tienen... Así tengo un momento para estar tranquilo... (Césaire 2016: 153)

Derek Chauvin, como el amargado y viejo Próspero, es el reflejo del fracaso de la obra civilizadora del colonizador. Al igual que Próspero dispara en todas direcciones matando para mantener su poder, Chauvin lanza gotas de vinagre desde su jaula:

> El asesino, con su pupila sin fulgor,
> desde su jaula,
> está lanzando su gota de vinagre
> a un océano de miel. (2020: 9)

En *Madrigal para un príncipe negro*, la polarización entre Derek Chauvin y George Floyd llega a su máxima expresión en «Sueño del verdugo» (10), en cuyos versos Derek Chauvin no solo es un demonio por su racismo, sino el peor de ellos:

> Derek Chauvin, abuelo de Jim Crow,
> espantapájaros de todos los infiernos,
> mensajero del Espíritu Malo,
> cargarás con tu cruz
> sin laurel, sin aliento y sin voz,
> eternamente. (2020: 10)

En un juego temporal que confunde el pasado con el presente, Derek Chauvin es un policía contemporáneo a la vez que el «abuelo de Jim Crow» en tiempo de la esclavitud. Como policía racista y como esclavista es un ser maligno y «bárbaro» que quita la vida. Nancy Morejón parece ponerlo a él como la prueba evidente del fracaso del proyecto civilizador eurocentrista de las naciones americanas.

Parábola de advertencia

Uno de los escritores españoles cuya obra aparece mencionada en *Madrigal para un príncipe negro* es Federico García Lorca. La violencia entre españoles que antecede a la guerra civil española, y que García Lorca recoge en sus obras, parece ser vista por Morejón como un paralelismo con la violencia generada por el racismo en las naciones americanas. La poeta usa el recurso de la intertextualidad para denunciar la mentalidad conservadora y las políticas fascistas que en el pasado llevaron al asesinato de García Lorca, pasando a la historia como un mártir de la guerra civil española, al ser asesinado al comienzo del conflicto en 1936. Mientras que, en tiempos actuales, Floyd ha pasado a la historia como otro mártir, víctima del racismo contra los afrodescendientes, en un conflicto civil que no ha parado desde que se comerciara con los primeros esclavos africanos. El poema «George Floyd defiende su horizonte» (19) se abre con el epígrafe, «Las pupilas no tienen horizontes», que proviene de una composición poética lorquiana titulada «Los ojos» (2018: 68, 70). En el poema de García Lorca, la superficie y las venas de los ojos se ven como un campo lleno de senderos, encrucijadas, y peligros, en los que es fácil encontrar la muerte:

> En los ojos se abren
> infinitos senderos.
> Son de encrucijadas
> de la sombra.
> La muerte llega siempre
> de esos campos ocultos. [...]
> Las pupilas no tienen
> horizontes. (García Lorca 2018: 68, 70)

El espacio de las pupilas es como una selva desde la cual no se puede ver el horizonte y de la cual nadie se puede escapar:

> Nos perdemos en ellas
> como en la selva virgen.
> Al castillo de irás
> y no volverás
> se va por el camino
> que comienza en el iris. (García Lorca 2018: 70)

Finalmente, en «Los ojos» la voz poética lorquiana avisa al transeúnte desamparado de los peligros, de un posible derramamiento de sangre, visto como «yedra roja», en un camino en el que no se puede uno fiar de nadie: «¡Muchacho sin amor, / Dios te libre de la yedra roja! / Guárdate del viajero» (70). El hecho de que Morejón incluya un verso de este poema lorquiano como epígrafe en «George Floyd defiende su horizonte» es significativo. Se podría decir que Floyd transitaba antes de morir en un espacio equivalente a la selva virgen del poema de García Lorca, lleno de peligros y encrucijadas, desde el cual no podía ver el horizonte, entendido como un futuro esperanzador. La voz poética morejoniana reclama el derecho de Floyd a mirar hacia arriba y hacia el horizonte en su búsqueda de una vida mejor:

Ángel o diablo, George Floyd
tenía derecho a contemplar los astros
buscando un horizonte
prestado o alquilado, o como quieran. (2020: 19)

Por otra parte, el poema con el que acaba el poemario, titulado «Parábola» (2020: 22), está conectado con otros dos textos de Federico García Lorca: «Romance de la Guardia Civil Española» (2012: 322-326) y «Son de negros en Cuba» (2013: 283-284). Así se ve en los siguientes versos de «Parábola»: «Aquí yace George Floyd / traído en un coche de aguas negras / tirado por caballos dormidos» (2020: 22). Estos tres versos recrean el funeral de George Floyd cuando fue llevado al cementerio en un carruaje tirado por caballos blancos el 9 de junio de 2020 en Houston, Texas. Pero en los versos mencionados, los caballos, en vez de blancos, caminan «dormidos», como aparecen en el poema «Romance de la Guardia Civil Española» (García Lorca 2012: 325). En esta composición lorquiana, cuarenta guardias civiles entran a la «ciudad de los gitanos» y hacen una matanza a traición por la noche, cuando los gitanos están descansando y los caballos están dormidos:

Un vuelo de gritos largos
se levantó en las veletas.
Los sables cortan las brisas
que los cascos atropellan.
Por las calles de penumbra,
huyen las gitanas viejas
con los caballos dormidos
y las orzas de monedas.
Por las calles empinadas
suben las capas siniestras,
dejando detrás fugaces
remolinos de tijeras. (García Lorca 2012: 325)

Al igual que los caballos son transformados de «blancos» a «dormidos» por Morejón, el carruaje que se usó en el funeral de Floyd, que también era blanco, aparece en el poema «Parábola» como «un coche de aguas negras» (2020: 22). Esta descripción hace alusión a la composición «Son de negros en Cuba» (2013: 281-282) escrita por Federico García Lorca[110] tras su visita a la isla en 1930, en la que las aguas negras se refieren a la sangre de la gente negra de Cuba:

> Cuando llegue la luna llena iré a Santiago de Cuba,
> iré a Santiago
> en un coche de agua negra.
> Iré a Santiago. (García Lorca 2013: 281)

Mediante la referencia a estos dos poemas lorquianos, Nancy Morejón compara la realidad de los afroestadounidenses con la de los afrocubanos en Cuba y la de los gitanos en España, creando una unificación en cuanto a la situación opresiva de las etnias racializadas en sus sociedades, tanto en Europa como en América. Aunque Nancy Morejón, al traer a García Lorca a su poesía, podría ir más allá de lo racial para denunciar la opresión ideológica, cultural y sexual. No hay que olvidar que este escritor fue asesinado por razones que podrían asociarse con su ideología y con su sexualidad. Como se explica en el documental *García Lorca: A Murder in Granada*, una fuente de inspiración para su obra llegó a partir del aislamiento que sufrió por su homosexualidad cuando estuvo estudiando en la Universidad de Granada, lo cual parece haberle hecho entender mejor a los perseguidos y sentir empatía por los gitanos, los negros y los judíos, (*cf.* Films Media Group 1991). Al final, lo que hay en común en todas estas opresiones es la oposición entre el opresor y el oprimido. Y así como los guardias civiles lorquianos persiguen y dejan ríos de sangre en «Romance de la Guardia Civil Española» (García Lorca 2012: 322-326), la metáfora polisémica de los ríos aparece también en el poema «Blues para George Floyd», como corrientes de sangre derramada de gente asesinada que sigue fluyendo en las venas de la gente que reclama justicia:

---

[110] Composición popularizada por Compay Segundo con su canción «Son de negros en Cuba», versión musicalizada del poema lorquiano.

Y corre entre tus ríos
una lluvia de sangre derramada,
renaciendo en la nuestra,
sobre el asfalto negro
que reclama justicia. (2020: 11)

En estos versos se ve también un juego de adjetivos posesivos que marcan una separación cuando se habla de «tus ríos» (los de George Floyd y su pueblo afroestadounidense), y una unión cuando se menciona la sangre «nuestra», que marca un renacer común en solidaridad con las «aguas negras» cubanas del poema de García Lorca, y con los oprimidos por el racismo sistemático o el fascismo en general. De hecho, el mismo verso lorquiano que usa Morejón, «En un coche de aguas negras», fue usado como título para un relato sobre el entierro del disidente cubano Marcelo Diosdado Amelo Rodríguez por la exiliada cubana Belkis Cuza Malé en 2001. Impresiona la semejanza entre los dos entierros, el de George Floyd y el narrado por Cuza Malé en Santiago de Cuba:

> Voy detrás de un muerto de la patria, estoy ahí siguiendo los despojos de un hombre que no conozco, pero ni los policías de la Seguridad del Estado, ni la turba de paramilitares, van a impedirme que llegue hasta el cementerio de Santa Ifigenia. Conmigo hay ochenta, cien, doscientos más. No reconozco a nadie, sus rostros me son extraños, pero los gritos que salen de sus gargantas parecen salir también de la mía, aunque no me haya movido de mi casa en Texas. [...] Qué extraño resulta volver con la imaginación a Santiago. Sólo para repetir con Federico García Lorca aquella línea suya del poema casi profético, a propósito de su viaje a la ciudad: «En un coche de aguas negras, iré a Santiago. Iré a Santiago». (Cuza Malé 2001: web)

Según un artículo publicado en *CubaNews* el 23 de mayo de 2001 por Luis Alberto Rivera, en el entierro de Marcelo Diosdado Amelo Rodríguez hubo unos cien policías del Estado y otros tantos paramilitares que asediaron a los disidentes y familiares que asistieron al funeral del disidente político, muerto en prisión. Según residentes locales, se llevó a cabo bajo la más violenta ola de represión vista en los últimos tiempos (2001: web). No se sabe si Morejón ha querido conectar la represión policial cubana con la represión policial estadounidense al incluir el verso lorquiano usado por la disidente Belkis Cuza Malé con ese propósito, pero la posibilidad queda abierta.

Divinización en la mitología yoruba

Nancy Morejón asocia a George Floyd con Emmett Till y con Federico García Lorca. En el caso de Floyd, su asesinato se hizo viral por el agravante de que hubiera niños observando el asesinato cometido por el agente policial Derek Chauvin, convirtiéndose en referente mundial de la violencia institucional policial contra el pueblo negro. En este sentido, Nancy Morejón insiste en la paradoja de la muerte en vida de un George Floyd oprimido por el racismo que vive como un «cadáver seco» en la composición «Entre los sauces» (2020: 14), y de un ser lleno de vida tras su muerte como un ser liberado que es capaz de movilizar a multitudes. Después de ser asesinado, ha recobrado su voz y es capaz de hablar en primera persona para permanecer «flotando para siempre» (2020: 14), como Emmett Till en el río Tallahatchie. Es decir, se hace un personaje mítico y trascendente más allá del hombre de carne y hueso que fue George Floyd.

Otro poema donde también se ve la oposición entre la vida y la muerte es en «George Floyd defiende su horizonte» (2020: 19). El título del texto tiene el verbo en tiempo presente, lo que denota que Floyd está vivo y defendiendo una vida mejor, mientras que la voz poética en los versos nos habla de la vida de Floyd en tiempo pasado, antes de su muerte física, afirmando que él, antes de ser asesinado, tenía derecho a buscar una vida mejor: «tenía derecho a contemplar los astros / buscando un horizonte» (2020: 19). De este juego de tiempos verbales se puede interpretar que, aunque en vida Floyd no pudo ver el horizonte, después de su muerte física consigue verlo. Además, el tiempo presente del título se conecta con el final del poema donde se describe el horizonte como «suyo y eterno» (2020: 19). Morejón va más allá para explicar la función de Floyd en ese horizonte que él ya posee en «Orfeo Negro» (2020: 16). En él, la voz poética se dirige directamente a Floyd, visto como un Orfeo negro en el espacio mítico, para adorarlo y agradecerle el hecho de que se haya convertido en «brújula» con el propósito de ayudar a los demás a que puedan ver el horizonte en vida:

Tu muerte ha inventado una brújula
incrustada en un mapa de jarcias
ya conduciéndonos
al esplendor de una igualdad segura. (2020: 16)

En *Madrigal para un príncipe negro*, Floyd no es solamente un mártir convertido en brújula o mito dentro de la cultura afroestadounidense, sino que su capacidad de movilizar a la gente internacionalmente lo convierte poéticamente en un dios creador universal que va más allá de la división de razas y de los límites del mundo terrestre para abarcar el espacio infinito del universo, como aparece en «Parábola»:

El firmamento entero
se derrumbó a su sombra
como un polen sin salmos,
como un arroyo lento. (2020: 22)

En estos versos, la hipérbole sobrepasa cualquier límite porque el «firmamento entero» cae a los pies de George Floyd. Y todos los seres que componen ese firmamento se reducen a una minúscula partícula de polen en comparación con la omnipotente y poderosa sombra del mismo George Floyd. Sin embargo, es importante notar que no se trata de un dios todopoderoso cristiano ni judío ni musulmán, puesto que la multitud que lo venera no le canta salmos como se ve en la descripción del «polen sin salmos», sino que George Floyd se conecta con una cosmología de tradición africana yoruba. Floyd parece estar asociado con una deidad suprema adorada por todo el firmamento. Sin embargo, no está claro si esta deidad, al manifestarse en Floyd, es femenina o masculina. La imagen de Floyd como deidad femenina aparece en «Letal», en el que su boca se convierte en un vientre dador de vida como si fuera Yemayá, diosa de los mares y de la maternidad: «Nos quedará su boca abierta / como el vientre sagrado de una madre / en un alumbramiento sideral» (2020: 9).

Otra orisha yoruba femenina con la que se asocia a Floyd, mediante la constante referencia a la polisémica metáfora de los ríos, es Oshún. Ella es la diosa del amor y se la representa aludiendo a la miel o al agua dulce de los ríos. En «Letal» hay una contraposición entre el odio manifestado por Derek Chauvin, presentado en el poema como «su gota de vinagre» (2020: 9), frente al amor que George Floyd inspira, comparado con el dulzor de la miel:

> El asesino, con su pupila sin fulgor,
> desde su jaula,
> está lanzando su gota de vinagre
> a un océano de miel. (2020: 9)

El discurso de responder con amor al odio es tan fuerte que en «Letal» hay un «océano de miel» (2020: 9). Esta imagen que une a dos deidades, a Oshún y a Yemayá, orishas de los mares y de los ríos. La alusión a Yemayá como diosa de la maternidad se podría interpretar como el nacimiento de una nueva realidad reclamada por el emergente movimiento social. Oshún vuelve a aparecer en «Como un nido» (2020: 13), poema en el cual el cuerpo y el alma de George Floyd son cauce de agua dulce, es decir, una fuente de amor que fluye en todas las direcciones, conectando a Floyd con multitudes de personas situadas más allá de las fronteras de los Estados Unidos:

> El cuerpo de George Floyd es el cauce de un río.
> Su alma es el agua que fluye, en su fragancia,
> hacia los montes,
> hacia la mar azul,
> hacia todos los ríos...
> El cuerpo de George Floyd es este río... (2020: 13)

El cuerpo de George Floyd se expande como el agua dulce de los ríos hacia todas las direcciones, pero también su cuerpo aparece en la composición que cierra el poemario, «Parábola» (2020: 22), como las hojas de un árbol que se extienden por todo el planeta. Morejón alude aquí a la Ceiba, árbol sagrado de la espiritualidad yoruba. De George Floyd se dice que «Su cuerpo será un árbol» (2020: 22), cuyas hojas «irán cayendo hacia la tierra firme de sus ancestros / sembrada de esperanza y helechos [...] en el planeta entero» (2020: 22). Es decir, el discurso del amor frente al odio se irá enraizando como un árbol sagrado y esto dará lugar a la esperanza de llegar a nuevos horizontes.

Con la esperanza de un mundo mejor, llega la adoración del ser que la hace posible como un salvador de la humanidad. En «Blues para George Floyd» (2020: 11), Floyd se equipara al torturado y perseguido Jesucristo, único hijo elegido de Dios y fuente de amor. Una diferencia es que Floyd no murió en una cruz, sino «con la garganta tuya triturada, / yerto ya, desplomado, / sobre ese alquitrán negro» (2020: 11). Floyd, como Jesucristo, sigue viviendo en su gente como si hubiera resucitado y es alzado por los suyos con su «cuerpo ya invencible» (2020: 12). En «Blues para George Floyd», el idolatrado Floyd es adorado por miles de personas de todos los géneros, razas, edades, países y continentes, que se lanzan a la calle para gritar su nombre en las manifestaciones. De hecho, y continuando con la comparación con Jesucristo, su figura es cargada en lo que parece una reproducción de la procesión de un paso de la Semana Santa católica. Sus fieles, presentados con la polisémica metáfora de los ríos, en vez de cantar saetas, entonan *blues* para conectarse con la tradición afroestadounidense[111]:

Acompañados por tus ríos,
te cargamos en andas,
bajo los rascacielos,

---

[111] Hay también una larga tradición en la comunidad afrodescendiente de cargar en los hombros los cadáveres de quienes se van a enterrar al son de música.

con tu cuerpo cantando un blues...
mientras estás hablándole a los ríos,
fieles, así, a tu vieja estirpe,
forjada al pie de las pirámides.
Vamos alzando tu cuerpo ya invencible,
Hecho de bronce y nafta y aire frío.
Vamos cantando un *blues*. (2020: 12)

En estos versos, la figura de George Floyd se conecta con el mundo hispano no solo por la posible referencia a la Semana Santa, sino también por el hecho de que Morejón hace una nueva conexión con los gitanos españoles. Esto se ve en la figura venerada que está hecha de «bronce» y de «aire frío». El color del bronce es con el que compara Federico García Lorca a los gitanos en su poema «Romance de la luna, luna» (2012: 293-394). Así comienza su séptima estrofa: «Por el olivar venían, / bronce y sueño, los gitanos» (2012: 293). Además, la metáfora morejoniana del «aire frío» se conecta aquí con la idea de muerte que aparece al final del mismo poema lorquiano, en el que, al final, hay un «aire» que vela al niño gitano muerto:

Dentro de la fragua lloran,
dando gritos, los gitanos.
El aire la vela, vela.
El aire la está velando. (García Lorca 2012: 294)

Cuando Nancy Morejón escribe que la figura de Floyd está hecha de «bronce» y de «aire frío», en realidad está diciendo que está hecha de «represión», que es lo que sufren en común George Floyd y los gitanos lorquianos, y de «muerte». Añadido a esto, Morejón describe a Floyd con la palabra «nafta», como si fuera un adjetivo descriptivo. Puede que Morejón haga referencia a los acuerdos comerciales de NAFTA, siglas para *The North American Free Trade Agreement*. Estos acuerdos se han llevado a cabo entre distintas naciones desde 1994 hasta hoy y, por asociación, se conectarían con las transacciones comerciales internacionales de la trata de esclavos de siglos anteriores. De esta manera, el verso «hecho de bronce y nafta y aire frío» (2020: 12), se podría interpretar como «hecho de represión, trata de esclavos, y muerte».

El tema de la esclavitud aparece en otro verso del mismo poema, «Blues para George Floyd», cuando se dice que la estirpe de George Floyd ha sido «forjada al pie de las pirámides» (2020: 11). Este verso se puede entender si se tienen en cuenta las manifestaciones antirracistas llevadas a cabo en Inglaterra, donde se derribaron monumentos imperialistas, tales como la estatua del esclavista Edward Colston. Después de eso, en junio de 2020 corrió el bulo por internet de que el mismo grupo británico estaba pidiendo la destrucción de las pirámides egipcias de Giza, por haber sido construidas por esclavos negros (*cf.* Schmidt 2020). Morejón menciona esta referencia a la esclavitud de Egipto quizás como un eco de la polémica creada en las redes y para mostrar el efecto y poder que tuvieron las manifestaciones en nombre de George Floyd. En general, a lo largo del poemario, Nancy Morejón crea una progresión en cuanto a la importancia que cobra la persona de George Floyd, que comienza siendo un «cadáver seco» (2020: 14) en vida, o un «don nadie» para, poco a poco, y después de haber sido asesinado, transformarse en un ser respetado, divinizado, movilizador social, y salvador de la humanidad, cumpliendo la paradoja de convertirse en un ser mítico que vive después de su muerte como un príncipe negro.

Capítulo 5
CONCLUSIÓN

En este libro se han desarrollado cuatro capítulos en los que se ofrece una visión panorámica de la obra de Nancy Morejón. En ellos aparecen desde algunas de sus primeras creaciones poéticas publicadas en los años sesenta en Ediciones El Puente hasta su poemario más reciente, *Madrigal para un príncipe negro* (2020), dedicado a George Floyd. En el análisis de las composiciones poéticas elegidas, producidas en las distintas décadas de la vida profesional de la autora, se tocan temas diversos, pero en todas ellas hay dos ejes centrales y comunes que son la lucha por el desarrollo de la intelectualidad de la mujer negra cubana y el compromiso de la autora con la justicia social. El objetivo de este trabajo ha sido demostrar cómo Morejón ha usado su poesía como plataforma poética y política, al crear un género híbrido en el que ha mezclado la poesía clásica tradicional con el género testimonial para dejar constancia de realidades sociales a nivel local, nacional e internacional, además de conectarse con el *womanismo* o feminismo negro estadounidense.

Los primeros poemarios que se analizan son *Mutismos* (1962) y *Amor, ciudad atribuida* (1964), publicados originalmente en la casa editorial de El Puente. Ambos poemarios pueden ser considerados como joyas literarias por el mero hecho de que, anteriormente, muy pocas mujeres negras cubanas habían podido publicar y participar en el espacio intelectual de su época. Con ellos, Morejón planta su semilla como poeta, infiltrando ya desde sus primeros versos la realidad social del pueblo negro cubano percibida desde el punto de vista de una mujer, perspectiva diferente al de su predecesor y maestro Nicolás Guillén. De cualquier manera, tras cerrarse la editorial El Puente, donde algunas escritoras jóvenes negras encontraron su espacio de publicación, como se explica en el primer capítulo, Morejón tendrá que esperar hasta 1975 para relanzarse como poeta con su composición «Mujer negra». En ella, la autora apoya al sistema político revolucionario abiertamente y de una manera estratégica que le permite abrirse paso en su sociedad como artista. Es también un poema que marca un antes y un después en cuanto al reconocimiento del papel de la mujer negra en el desarrollo y en la evolución de la nación cubana, como se explica en el apartado «Aportaciones culturales afrodescendientes» del tercer capítulo. De esta manera, *Mutismos, Amor, ciudad atribuida* y «Mujer negra» van abriendo el camino para que, en los años ochenta surja lo que en este estudio se ha denominado como «la poesía testimonial morejoniana», producción literaria influida por la filosofía posmoderna y por la revalorización, en Cuba y fuera de la isla, del testimonio como género literario para documentar y denunciar realidades opresoras.

Además de definir el concepto de «poesía testimonial morejoniana» y las influencias de Alice Walker, Rigoberta Menchú y Jean-François Lyotard, el análisis añade el componente de género con un nuevo concepto en la progresión de la poesía morejoniana: el *womanismo*. Para ello, en el tercer capítulo se analiza la antología *Persona*. Esta antología consta de veintitrés poemas morejonianos seleccionados por Gerardo Fulleda León desde las primeras publicaciones de Morejón hasta 2010. Lo interesante es que Fulleda León los organiza cronológicamente por orden de publicación, lo que permite seguir una línea evolutiva y discursiva en cuanto al desarrollo del tema de la intelectualidad de la mujer negra en la isla de Cuba, que varía dependiendo del momento histórico y de las realidades sociales del momento. De hecho, mientras que al principio de la antología unas voces poéticas optimistas muestran la esperanza de cambio que la Revolución cubana trajo para la emancipación de las mujeres negras, al final del poemario se encuentran voces pesimistas inmersas en el Periodo Especial. Estas experimentan una pérdida de esperanza mientras observan la complicidad de su sociedad ante el fenómeno del jineterismo al servicio del turista extranjero.

El último capítulo del libro está dedicado al cuaderno poético titulado *Madrigal para un príncipe negro*, escrito por Morejón a partir de la muerte del George Floyd. Este afroestadounidense fue asesinado por el policía Derek Chauvin el 25 de mayo de 2020 en el barrio de Powderhorn, en la ciudad de Mineápolis del Estado de Minesota. Nancy Morejón presentó su poemario cinco meses después del suceso, el 20 de octubre de 2020, en la Casa de las Américas. En el análisis de estas composiciones se ve cómo las voces poéticas femeninas son las portavoces no solo de la mujer negra y del pueblo negro cubano por extensión, sino también de una comunidad racializada transnacional. En este poemario resurge de nuevo la esperanza de un cambio positivo. Al unísono con el discurso de *Black Lives Matter*, las voces poéticas morejonianas presentan las manifestaciones ocurridas internacionalmente, dando voz a un pueblo panafricano que denuncia el racismo institucional occidental. Este capítulo está dividido en secciones que exploran tópicos como el de Calibán, el sincretismo religioso o las conexiones con obras poéticas como las de Federico García Lorca, todo unido con una línea poética que muestra la evolución y la conversión de George Floyd desde un transeúnte cualquiera en vida, hasta un mito y un dios universal una vez muerto. En este proceso, las voces poéticas femeninas y la voz de Floyd se mezclan e intercambian, y ambas, al unísono, parecen alcanzar la madurez y la divinidad.

Todo lo anterior plantea las tres fases creativas de Nancy Morejón que se han propuesto en este estudio: en la primera parte, se analizan los antecedentes de la poesía testimonial y del compromiso de Morejón en cuanto a la defensa de la educación y de la intelectualidad de la mujer negra. El principio de la segunda fase coincide con el momento en el que en Cuba cobra importancia el género testimonial para presentar las circunstancias raciales y de género experimentadas en la realidad políticosocial cubana especialmente de los años ochenta y, posteriormente, durante el Periodo Especial. Mientras que la tercera fase de la poesía morejoniana aparece ya bien entrado el siglo XXI, cuando Morejón se proyecta como miembro y portavoz de una sociedad más globalizada y transnacional al participar en el diálogo creado a partir del asesinato de George Floyd.

BIBLIOGRAFÍA

Abudu, Gabriel A. (1996): «Nancy Morejón's *Mutismos*: The Philosophical and Ethical Foundation of her Poetic Discourse», *Afro-Hispanic Review* 15(1), 12-21.

Abudu, Gabriel A. (2005): «Havana as Poetic and Personal Space in the Works of Nancy Morejón», *Callaloo* 28(4), 1015-1026.

Acedo Alonso, Noemí (2017): «El género testimonio en Latinoamérica: aproximaciones críticas en busca de su definición, genealogía y taxonomía», *Latinoamérica* 64, 39-69.

Ainsa, Fernando (2001): «The challenges of Postmodernity and Globalization: Multiple of Fragmented Identities?», en Emil Volek (ed.), *Latin America Writes Back. Postmodernity in the Periphery (An Interdisciplinary Perspective)*. Nueva York and Londres: Routledge, 59-78.

Alonso, Dámaso (1988): *Hijos de la ira* (Miguel J. Flys, ed.). Madrid: Clásicos Castalia.

Anderson, Madeline (1970): *I am somebody*. Brooklyn, NY: Icarus Films.

Arellano, José Eduardo (2017): «Rubén Darío ante los Estados Unidos», en Gerardo Piña-Rosales, Carlos E. Paldao y Graciela S. Tomassini (eds.), *Rubén Darío y los Estados Unidos*. Nueva York: Academia Norteamericana de la Lengua Española.

Ávila Vargas, Niuva (2012): «Familia, educación y raza. Tres puntos que convergen», *Negros con clases. Racismo y publicidad comercial, racialización, racialismo y racismo / Revista Universidad de La Habana*, 273, 200-223.

Ayala, Cristina (1926): *Ofrendas Mayabequinas* (Valentín Cuesta Jiménez, ed.). Güines, Cuba: Imprenta Tosco Heraldo.

Badiane, Mamadou (2010): *The Changing Face of Afro-Caribbean Cultural Identity: Negrismo and Négritude*. Lanham, MD: Lexington Books.

Barcia Zequeira, María del Carmen (2009): *Mujeres al margen de la historia*. La Habana: Editorial de Ciencias Sociales.

Barnet, Miguel (1971): «La novela testimonio: Socio-literatura», *La Universidad*, 96(1-2), 160-182.

Barnet, Miguel (1966): *Biografía de un cimarrón*. La Habana: Instituto de Etnología y Folklore.

Barquet, Jesús, J. (2011): *Ediciones El Puente en la Habana de los años 60*. Chihuahua, México: Ediciones del Azar.

Barradas, Efraín (1977): «Nota sobre la poesía pura en Cuba», *Cuadernos Hispanoamericanos* 326-27, 468-81.

Bianchi Ross, Ciro (1982): *Las palabras de otro*. La Habana: Ediciones Unión.

Bickford, Donna M. (2008): «Using Testimonial Novels to Think about Social Justice», *Education, Citizenship and Social Justice*, 3(2), 131-146.

Borders, William Holmes (20 feb. 1943): «I am somebody», *The Pittsburgh Courier*, 14. https://www.newspapers.com/clip/1206542/i-am-somebody-by-dr-william-holmes

Brooks, Gwendolyn (1994): «Riot», *Poetry Fundation*. https://www.poetryfoundation.org/poems/51835/riot

Cabrera, Ana Justina (2011): «*Silencio...*», en Jesús J. Barquet (ed.), *Ediciones El Puente en La Habana de los años 60*. Chihuahua, México: Ediciones de Azar A. C., 335-346.

Camus, Marcel (1959): *Orfeo negro*. [Francia]: Gnamus Films.

Casal, Lourdes (1980): «Revolution and *Conciencia*: Women in Cuba», en Carol R. Berkin y Clara M. Lovett (eds.), *Women, War, and Revolution*. Nueva York: Holmes & Meier Publishers, 183-206.

Césaire, Aimé (2011): *Una tempestad: Adaptación de La tempestad de Shakespeare para un teatro negro* (Ana Ojeda, trad.). Buenos Aires: El 8ᵛᵒ Loco Ediciones.

Césaire, Aimé (2016): *Cahier d'un retour au pays natal*. Paris: Présence Africaine.

Chacón Nardi, Rafaela (1978): *Del silencio y las voces*. La Habana: Letras Cubanas.

Chacón Nardi, Rafaela, Nicolás Guillén y Gabriela Mistral (1998): *Cincuentenario de Viaje al sueño*. La Habana: Word Data Research Center.

Christian, Barbara (1988): «The Race for Theory», *Feminist Studies* 14(1), 67-79.

Collins, Patricia Hill (2009): *Black Feminist Thought: Knowledge, Consciousness, and the Politics of Empowerment.* Nueva York and Londres: Routledge.

Conte, Rafael y Capmany, José M. (1912): *Guerra de razas (Negros contra blancos en Cuba).* La Habana: Imprenta Militar de Antonio Pérez.

Cordones-Cook, Juanamaría (2004): «Genealogía matrilineal en la obra de Nancy Morejón», *Revista de Estudios Hispánicos.* 38, 509-32.

Cordones-Cook, Juanamaría (2009): *Soltando amarras y memorias: mundo y poesía de Nancy Morejón.* Santiago, Chile: Editorial Cuarto Propio.

Cordones-Cook, Juanamaría (2011a): «Historia de vida y más de Nancy Morejón», *Revista Iberoamericana,* LXXVII (235), 313-346.

Cordones-Cook, Juanamaría (2011b): *Cimarroneando con G.H. / Cimarroneando with G.H. Columbia.* MO: University of Missouri Curators.

Cordones-Cook, Juanamaría (2013): *Nancy Morejón: Paisajes Célebres / Famous Landscapes.* Columbia, MO: University of Missouri Curators

Cordones-Cook, Juanamaría (2017): *An Afro-Cuban Journey: Zuleica Romay/ Una ruta afro-cubana: Zuleica Romay.* Columbia, MO: University of Missouri Curators.

Cordones-Cook, Juanamaría (2017): «Introduction / Afro-Cuban Arts: A Renaissance», *Afro-Hispanic Review* 36(2), 9-22.

Crenshaw, Kimberlé W. (1991): «Mapping the margins: Intersectionality, Identity, Politics, and Violence against Women of Color», *Stanford Law Review* 43(6), 1241-1299.

Cuza Malé, Belkis (24 mayo 2001): «En un coche de aguas negras», *El Nuevo Herald.* https://www.cubanet.org/htdocs/CNews/y01/may01/24o4.htm

Darío, Rubén (1998): «El triunfo de Calibán», *Revista Iberoamericana,* LXIV (184-185), 451-455.

Davies, Catherine (1993): «Writing the African Subject: The Work of Two Cuban Women Poets», *Women: A Cultural Review,* 4(1), 32-48.

Deliso, Meredith (11 jun. 2021): «Darnella Frazier, Who Recorded Video of George Floyd's Death, Recognized by Pulitzer Board», ABC News. https://abcnews.go.com/US/darnella-frazier-recognized-pulitzer-prizes-george-floyd-video/story?id=78225202

DeLoughrey, Elizabeth M. (2010): *Routes and roots: navigating Caribbean and Pacific Island Literature.* Honolulu: University of Hawaii Press.

Duke, Dawn (4 abril 2007): «María Dámasa Jova's Literary Charity: A Writing Outside of Negrismo», *Humanities Initiative Conference.* Knoxville: University of Tennessee.

Duke, Dawn (2008): *Literary Passion, Ideological commitment. Toward a Legacy of Afro-Cuban and Afro-Brazilian Women Writers*. Lewisburg, PA: Bucknell U Press.

Estévez Rivero, Sandra *et al.* (eds.) (2012): *Por la identidad del negro cubano.* Santiago de Cuba: Ediciones Caserón.

Fanon, Frantz (2008): *Black Skin, White Masks* (Richard Philcox, trad.). Nueva York: Grove Press

Fernández Retamar, Roberto (1971): *Calibán. Apuntes sobre la cultura en nuestra América.* México D. F.: Editorial Diógenes.

Fernández Robaina, Tomás (2009): *Identidad afrocubana, cultura y nacionalidad.* Santiago de Cuba: Editorial Oriente.

Films Media Group (1991): *García Lorca: A Murder in Granada.* Nueva York: Films for the Humanities & Sciences.

Flys, Miguel J. (1988): «Introducción biográfica y crítica», en Dámaso Alonso, *Hijos de la ira.* Madrid: Clásicos Castalia, 9-66.

Fraser, Nancy y Nicholson, Linda J. (1990): «Social Criticism without Philosophy: An Encounter between Feminism and Postmodernism», en Linda J. Nicholson (ed.), *Feminism/ Postmodernism.* Nueva York and Londres: Routledge, 19-38.

García Canclini, Néstor (2001): *Culturas híbridas. Estrategias para entrar y salir de la modernidad.* Barcelona: Paidós Ibérica.

García Lorca, Federico (2013): «Son de negros en Cuba», en Federico García Lorca y Jordi Doce (ed.), *Poeta en Nueva York.* Barcelona: Galaxia Gutenberg, 281-82.

García Lorca, Federico (2012): «Romance de la luna, luna», en Miguel García-Posada (ed.), *Poesía completa.* Nueva York: Vintage Español, 293-94.

García Lorca, Federico (2012): «Romance de la Guardia Civil Española», en Miguel García-Posada (ed.). *Poesía completa.* Nueva York: Vintage Español, 322-26.

García Lorca, Federico (2018[3]): «Los ojos» en Christopher Maurer y Francisco Aragón (eds.), *Selected Verse: Revised Bilingual Edition.* Nueva York: Farrar Straus Giroux, 68-70.

Gilroy, Paul. (1993): *The Black Atlantic. Modernity and Double Consciousness.* Cambridge, MA: Harvard University Press.

Gómez, Sara (1974). *De cierta manera.* La Habana: ICAIC.

Goodman, Amy y Moynihan, Denis (28 mayo 2021): «Cien años después de la Masacre Racial de Tulsa, las reparaciones a los sobrevivientes y sus descendientes aún están pendientes», *Democracy Now.* https://www.democracynow.org/es/2021/5/28/cien_anos_despues_de_la_masacre

Guillén, Nicolás (1990): *Summa poética* (Luis Iñigo Madrigal, ed.). Madrid: Cátedra.

Guimón, Pablo (21 oct. 2020): «El voto negro: George Floyd respira en el nuevo sur de Estados Unidos», *El País*. https://elpais.com/internacional/elecciones-usa/2020-10-20/el-voto-negro-george-floyd-respira-en-el-nuevo-sur-de-estados-unidos.html

Güirao, Ramón y Marcelino Arozarena (1970[2]): *Órbita de la poesía afrocubana, 1928-37*. Naendeln, Liechtenstein: Kraus Reprint.

Guridy, Frank Andre (2010): *Forging Diaspora: Afro-Cuban and African Americans in a World of Empire and Jim Crow*. Chapel Hill, NC: The University of North Carolina Press.

Heredia, José María (1893): *Poesías líricas* (Elías Zerolo, ed.). París: Garnier-Hermanos.

Hernández, Sandra (2000): «La poesía de Nancy Morejón: memoria, identidad y creación», en Lady Rojas-Trempe y Catharina Vallejo (eds.), *Celebración de la escritura femenina contemporánea en las Américas*. Montréal: Enana Blanca, 181-191.

Hernández Hormilla, Helen (2011): *Mujeres en crisis. Aproximaciones a lo femenino en las narradoras cubanas de los noventa*. La Habana: Acuario.

Hernández Menéndez, Mayra (1996): La poética de Rafaela Chacón Nardi. La Habana: Letras Cubanas

Herrera, Georgina (2005) «*El penúltimo sueño de Mariana*», en Juanamaría Cordones-Cook y María Mercedes Jaramillo (eds.), *Mujeres en las tablas: antología crítica de teatro biográfico hispanoamericano*. Buenos Aires: Nueva Generación, 365-393.

Herrera, Georgina (2006): África. Matanzas: Ediciones Manglar y Uvero.

Holgado Fernández, Isabel (2002): *No es fácil: Mujeres Cubanas y la Crisis Revolucionaria*. Barcelona: Icaria Editorial.

Hooker, Juliet (2009): *Race and the Politics of Solidarity*. Nueva York: Oxford University Press.

hooks, bell (2003): «The Oppositional Gaze: Black Female Spectators», en Reina Lewis and Sara Mills (eds.), *Feminist Postcolonial Theory. A Reader*. Nueva York: Routledge, 207-221.

Howe, Linda S. (1995-96): «Nancy Morejón's "negrismo" in the Revolutionary Era: The Question of Gender and Race in Cuba», *Explicación de textos literarios*, 24(1-2), 91-112.

Howe, Linda S. (1999): «Nancy Morejón's Womanism», en Miriam DeCosta-Willis (ed.), *Singular Like a Bird: The Art of Nancy Morejón*. Washington, DC: Howard University Press, 153-68.

Howe, Linda S. (2004): *Transgression and conformity. Cuban Writers and Artists after the Revolution*. Madison, WC: The University of Wisconsin Press.

Hudson-Weems, Clenora (1993): *Africana Womanism: Reclaiming Ourselves*. Troy, MI: Bedford Publishers.

Hudson-Weems, Clenora (2004) *Africana Womanist Literary Theory*. Trenton, NJ: Africa World Press.

Hutcheon, Linda (1989): *A Poetics of Postmodernism*. Nueva York: Routledge.

Ibargoyen Islas, Saúl y Boccanera, Jorge Alejandro (1999): *Poesía testimonial latinoamericana*. México: Editores Mexicanos Unidos.

Jackson, Jesse (1963): «I am somebody», *YouTube*. https://www.youtube.com/watch?v=sn5hCdHuZzw

Jahn, Janheinz (1990): *Muntu: African culture and the Western world* (Marjorie Grene, trad. y Calvin C. Hernton, intr.). Nueva York: Grove Weidenfeld.

Jiménez, Juan Ramón (1937): *La poesía cubana en 1936*. La Habana: Institución Hispanocubana de Cultura.

Jova, María Dámasa (1927): *Ufanias: juicios y consideraciones acerca de Arpegios íntimos y Poesías*. Santa Clara, Cuba: Imprenta de A. Clapera.

Jova, María Dámasa (1939): *La situación de la mujer negra en Cuba: su problema social, cultural y económico*. Santa Clara, Cuba: La Nueva.

Larraín, Jorge (2001): «Postmodernism and Latin American Identity», en Emil Volek (ed.), *Latin America Writes Back. Postmodernity in the Periphery (An Interdisciplinary Perspective)*. Nueva York y Londres: Routledge, 79-104.

Lorde, Audre (2000): «Poetry is not a Luxury», en Molly McQuade (ed.), *By Herself. Women Reclaim Poetry*. Saint Paul, MN: Graywolf Press, 364-367.

López Prieto, Antonio (1881): *Parnaso cubano: colección de poesías selectas de autores cubanos desde Zequeira a nuestros días*. La Habana: M. de Villa.

Lyotard, Jean-Francois (1984): *The Postmodern Condition: a Report on Knowledge*. Minneapolis, MN: U of Minnesota Press.

Lyotard, Jean-Francois (1986): *Le Postmoderne expliqué aux enfants. Correspondance 1982-1985*. París: Éditions Galilée.

Lyotard, Jean-Francois , W. Godzich (1988): *The Différend: Phrases in Dispute. Theory and History of Literature* (George Van Den Abbeele, trad. y J. Schulte-Sasse, ed.). Minneapolis: U of Minnesota Press.

Macchi, Fernanda (2007): «Juan Francisco Manzano y el discurso abolicionista: una lectura enmarcada», *Revista Iberoamericana*, LXXIII (218), 170-193.

Machado, Antonio (2001[11]): «A la muerte de Rubén Darío», en Geoffrey Ribbans (ed.), *Campos de Castilla (1907-1917)*. Madrid: Cátedra, 255.

Maloof, Judy (ed. y trad.) (1999): *Voices of Resistance: Testimonies of Cuban and Chilean Women*. Lexington, KY: The University P. of Kentucky.

Manzano, Juan Francisco (2020[2]): *Autobiografía de un esclavo*. Madrid: Verbum.

Marinello, Juan (1933): *Poética, ensayos en entusiasmo*. Madrid: Espasa-Calpe.

«Mario Benedetti, compañero y amigo de Cuba» (14 sept. 2020): *Granma*. http://www.escambray.cu/2020/mario-benedetti-companero-y-amigo-de-cuba/

Marriott, David (2000): «Border Anxieties: Race and Psychoanalysis», en Ashok Bery y Patricia Murray (eds.), *Comparing Postcolonial Literatures: Dislocations*. Nueva York: St. Martin's Press, 107-121.

Mars, Amanda (20 abril 2021): «La tienda donde empezó todo trata de sobrevivir al "caso George Floyd"», *El País*. https://elpais.com/internacional/2021-04-20/la-tienda-donde-empezo-todo-trata-de-sobrevivir-al-caso-george-floyd.html

McGarrity, Gayle and Osvaldo Cárdenas (1995): «Cuba», en *No Longer Invisible: Afro-Latin Americans Today*. Londres: Minority Rights Group, 77-107.

McKenna, Constance (1988): «An interview with Leo Brouwer», *Guitar Review*, 75, 10-16.

Mena, Luz María (2005): «Stretching the Limits of Gendered Spaces: Black and Mulatto Women in 1830s», *Cuban Studies*, 36, 87-104.

Elisabeth Burgos (1984): *Me llamo Rigoberta Menchú*. La Habana: Casa de las Américas.

Miller, Marylin Grace (2003): «Transculture, Terror, and the Language of "Love" in Nancy Morejón's "Amo a mi amo"», *Chasqui*, 32(2), 3-16.

Moore, Robin Dale (1994): «Representation of Afro-Cuban Expressive Culture in the Writings of Fernando Ortiz», *Latin American Music Review*, 15(1), 32-54.

Morães, Vinícius de (1956): *Orfeu da Conceição: (tragédia carioca)*. Rio de Janeiro: Imprensa Nacional

Morales Domínguez, Esteban (2007): *Desafíos de la problemática racial en Cuba*. La Habana: Fundación Fernando Ortiz.

Morejón, Nancy (1964): *Amor, ciudad atribuida*. La Habana: Ediciones El Puente.

Morejón, Nancy (1967): *Richard trajo su flauta y otros argumentos*. La Habana: Instituto del Libro.

Morejón, Nancy (ed.) (1974): *Recopilación de textos sobre Nicolás Guillén*. La Habana: Casa de las Américas.

Morejón, Nancy (1979): *Parajes de una época*. La Habana: Letras Cubanas, Colección Mínima.

Morejón, Nancy (1982): *Elogio de la danza*. México D. F.: Universidad Nacional Autónoma de México.

Morejón, Nancy (1983): *Octubre imprescindible*. La Habana: Unión de Escritores y Artistas de Cuba.

Morejón, Nancy (1984): *Cuaderno de Granada*. La Habana: Casa de las Américas.

Morejón, Nancy (1986): *Piedra pulida*. La Habana, Cuba: Editorial Letras Cubanas.

Morejón, Nancy y Savory Fido, Elaine Elaine (1990): «A Womanist Vision of the Caribbean. An Interview», en Carole Boyce Davies y Elaine Savory Fido (eds.), *Out of the Kumbla. Caribbean Women and Literature*. Trenton, NJ: Africa World Press, 265-269.

Morejón, Nancy (1992): *Paisaje célebre*. Caracas: Fondo Editorial Fundarte.

Morejón, Nancy (2000²): *La Quinta de los Molinos*. La Habana: Editorial Letras Cubanas.

Morejón, Nancy (2002): «La belleza en todas partes», en Mayra Hernández Menéndez (ed.), *Cuerda veloz: antología poética, 1962-1992*. La Habana: Letras Cubanas, 5-8.

Morejón, Nancy, (2003): *Looking Within/ Mirar adentro. Selected Poems / Poemas escogidos, 1954-2000* (Juanamaría Cordones-Cook, ed., Gabriel Abudu *et al*, trads.). Detroit: Wayne State U Press.

Morejón, Nancy (2005a): *Carbones silvestres*. La Habana: Editorial Letras Cubanas.

Morejón, Nancy (2005b): «Aproximación a una poética del Caribe», en Trinidad Pérez Valdés (ed.), *Ensayos*. La Habana: Editorial Letras Cubanas, 107-120.

Morejón, Nancy (2010): *Persona* (Gerardo Fulleda León, ed.). La Habana: Colección Sur Editores.

Morejón, Nancy (2011): «*Mutismos* (selección)», en Jesús J. Barquet (ed.), *Ediciones El Puente en La Habana de los años 60*. Chihuahua, México: Ediciones de Azar A. C., 401-408.

Morejón, Nancy (2020): *Madrigal para un príncipe negro*. La Habana: Casa de las Américas.

Morejón, Nancy (13 julio 2021). *La razón de mi voz, YouTube.* https://www. youtube.com/watch?v=Qh8r3c4BAFk&list=PL_JTlBag_eLUFW-qf-5MMK6nnBcN2bX4iO&index=14

Nelson, Stanley (2001): *Marcus Garvey: Look for Me in the Whirlwind.* Boston: PBS Home Video.

Nora, Pierre (1989): «Between Memory and History: *Les lieux de memoire*», *Representations*, 26, 7-25.

Pereda Valdés, Ildefonso (1970): *Lo negro y lo mulato en la poesía cubana.* Montevideo: Ediciones Ciudadela.

Pérez Sarduy, Pedro (2000): «Grounding the Race Dialogue: Diaspora and Nation», en Pedro Pérez Sarduy y Jean Stubbs (eds.), *Afro-Cuban voices. On Race and Identity in Contemporary Cuba.* Gainesville, FL: University Press of Florida, 162-69.

Phaf-Rheinberger, Ineke (2011): «Una memoria que obliga: el *nexus* de Nancy Morejón», *Revista Iberoamericana* LXXVII (235), 501-515.

Prados-Torreira, Teresa (2005). *Mambisas. Rebel Women in Nineteenth-Century Cuba.* Gainesville, FL: U Press of Florida.

Randall, Margaret (1972): *La mujer cubana ahora.* La Habana: Instituto Cubano del Libro.

Riccio, Alexandra (2001): «El secreto de Cuba en Juan Ramón Jiménez y María Zambrano», *Opus Habana*, 5(1), 44-52.

Rivera, Luis Alberto (23 mayo 2001): «Dissident Buried Amid Skirmishes With Police», *Cubanet/Cubanews.* https://www.cubanet.org/htdocs/CNews/y01/may01/23e1.htm

Rivero, Isel (1960): *La marcha de los hurones.* La Habana, Cooperativa Obrera de Publicidad.

Rodó, José Enrique (1900): *Ariel.* Montevideo: Impr. de Dornaleche y Reyes.

Rolando, Gloria (2001): Las raíces de mi corazón. Arlington, MA: AfroCubaWeb.com.

Romay Guerra, Zuleica (2012): *Elogio de la altea o las paradojas de la racialidad.* La Habana: Editorial Casa de las Américas.

Rubiera Castillo, Daisy (2010). *Desafío al silencio.* La Habana: Editorial de Ciencias Sociales.

Rubiera Castillo, Daisy y de los Reyes Castillo Bueno, María(1997): *Reyita, sencillamente: testimonio de una negra cubana nonagenaria.* La Habana: Instituto Cubano del Libro.

Rubiera Castillo, Daisy y Herrera, Georgina (2005): *Golpeando la memoria.* La Habana: Ediciones Unión.

Rubiera Castillo, Daisy y Martiatu Terry, Inés María (eds.) (2011): *Afrocubanas: historia, pensamiento y prácticas culturales*. La Habana: Editorial de Ciencias Sociales.

Ruiz Barrionuevo, Carmen (2013): «Juan Ramón Jiménez y José Lezama Lima, historia de una amistad y de una trayectoria poética», en Patrizia Spinato Bruschi y Jaime José Martínez (eds.), *Cuando quiero hallar las voces, encuentro con los afectos*. Roma: CNR Edizioni, 567-585.

Sainz, Gustavo (1999): *Postmodernism in the Mexican Novel*. Nueva York: Peter Lang.

Sarabia, Nydia (2006): *Historia de una familia mambisa: Mariana Grajales*. La Habana: Editorial de Ciencias Sociales.

Schmidt, Axel (15 junio 2020): «Fact Check: British Protesters Did Not Call for the Destruction of Giza Pyramids», *Reuters*. https://www.reuters.com/article/uk-factcheck-destruction-giza-pyramids/fact-check-british-protesters-did-not-call-for-the-destruction-of-giza-pyramids-idUSKBN23M2DI

Silverstein, Jason (4 junio 2021): «The Global Impact of George Floyd: How Black Lives Matter Protests Shaped Movements Around the World», *CBS News*. https://www.cbsnews.com/news/george-floyd-black-lives-matter-impact

Sklodowska, Elzbieta (1990): «Miguel Barnet y la novela-testimonio», *Revista Iberoamericana*, 152-153, 1069-1078.

Smith, Lois M. y Alfred Padula (1996): *Sex and Revolution: Women in Socialist Cuba*. Nueva York: Oxford University Press.

Stephen Urbanski, Edmund (1967): «La realidad Hispanoamericana en la poesía testimonial», en Norbert Polussen y Jaime Sánchez Romeralo (coords.), *Actas del Segundo Congreso Internacional de Hispanistas*. Nimega, Países Bajos: Instituto Español de la Universidad de Nimega, 643-53.

Taylor, Clyde (1985): «Black Writing as Imminent Humanism», *The Southern Review* 21(3), 790-800.

Taylor, Ula Y. (2001): «Making Waves: The Theory and Practice of Black Feminism», *The Black Scholar* 28(2), 18-28.

«The Murder of African-American George Floyd in the US, and What Cuba Can Learn from It» (5 junio 2020): *Diario de Cuba*. https://diariodecuba.com/derechos-humanos/1591365498_22796.html

Torres Elers, Damaris A. (2013): *María Cabrales: una mujer con historia propia*. Santiago de Cuba: Editorial Oriente.

Urbański, Edmund Stefan (1967): *La realidad hispanoamericana en la poesía testimonial*. Nijmegen: Instituto Español de la Universidad de Nimega.

Villaverde, Cirilo (1879?): *Cecilia Valdés o La loma del ángel: Novela de costumbres*. La Habana: Excelsior.

Vinat, Raquel (1997): «El accionar político de las cubanas durante la etapa de entreguerra», en María del Carmen Barcia *et al* (eds.), *La turbulencia del reposo. Cuba (1878-1895)*. La Habana: Editorial de Ciencias Sociales, 272-344.

Vitier, Cintio (1981): *Juan Ramón Jiménez en Cuba*. La Habana: Editorial Arte y Literatura.

Walker, Alice (1983): *In Search of Our Mothers' Gardens*. Orlando: Harcourt.

Waters, Kristin (2007): «Some Core Themes of Nineteenth-Century Black Feminism», en Kristin Waters y Carol B. Conaway (eds.), *Black Women's Intellectual Traditions. Speaking Their Minds*. Hanover y Londres: University Press of New England, 365-392.

Weisman, Jean (1998): *From maids to compañeras*. New York: City University of New York.

Williams, Lorna V. (1999): «The Revolutionary Feminism of Nancy Morejón», en Miriam DeCosta-Willis (ed.), *Singular Like a Bird: The Art of Nancy Morejón*. Washington, DC: Howard University Press, 131-152.

Yúdice, George (1991): «Testimonio and Postmodernism», *Latin American Perspectives*, 18(3), 15-31.

Zapata-Calle, Ana (29 nov. 2012): *Entrevista a Nancy Morejón*. Columbia, MO: University of Missouri-Columbia (inédita).

.. ..
....
....

Este libro se terminó de imprimir
el 5 de abril de 2024